一九三二年東京下町労働運動史地図（現墨田区・江東区周辺）

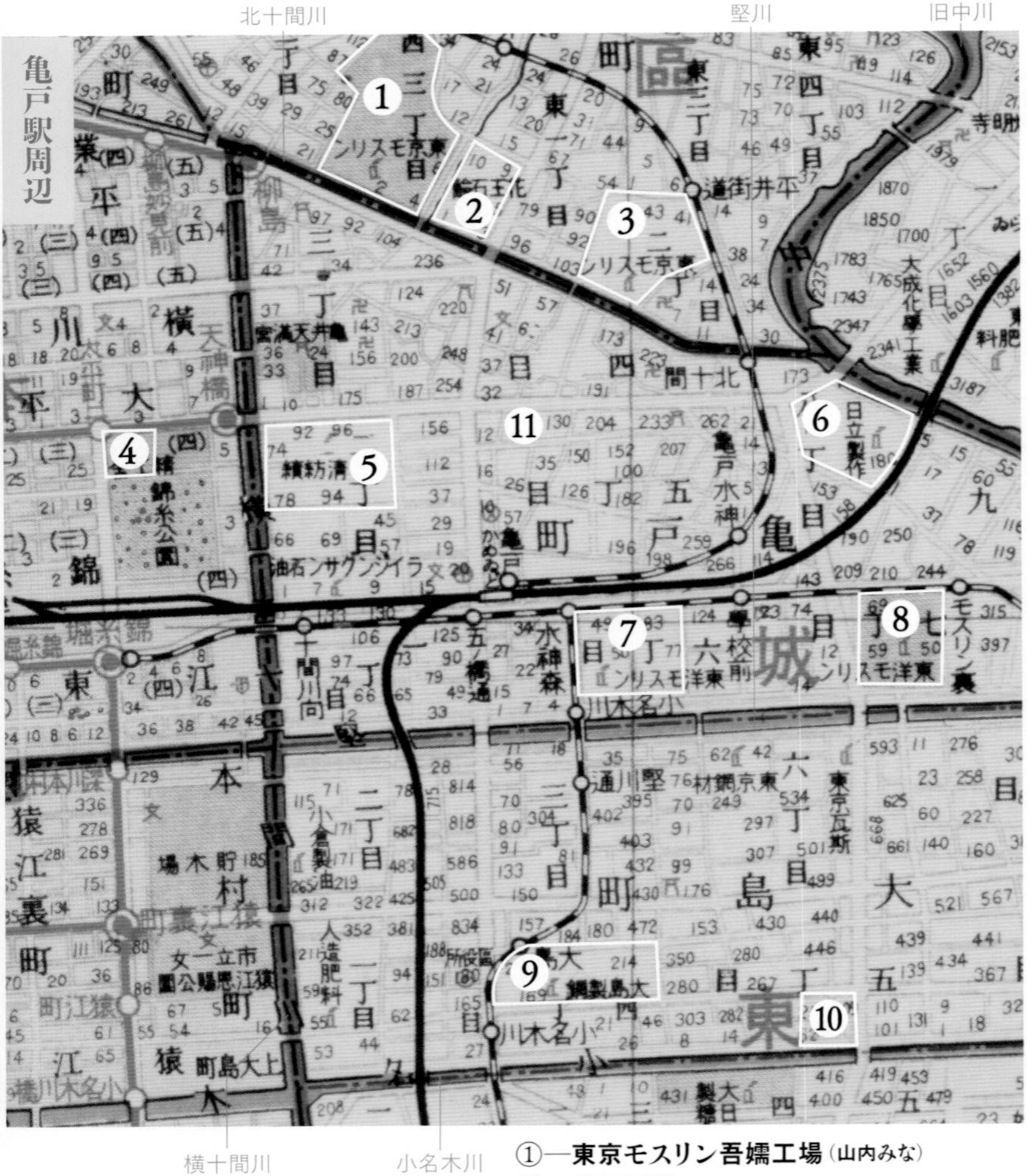

①—**東京モスリン吾嬬工場**（山内みな）
②—**花王石鹸**
③—**東京モスリン亀戸工場**（『女工哀史』）
④—**精工舎**
⑤—**日清紡績**
⑥—**日立製作所亀戸工場**
⑦—**東洋モスリン第二工場**（元松井モスリン）
⑧—**東洋モスリン**（1930年洋モス争議）
⑨—**大島製鋼**
⑩—**富士瓦斯紡績小名木川工場**（1927年廃止）
⑪—**浄心寺**（亀戸事件犠牲者の碑）

［口絵図版］
模範新大東京全圖昭和8年版改訂8版、九段書房、1932年11月
（東京都立図書館デジタルアーカイブ）

小畑《おばた》精武《よしたけ》

関東富士紡績（墨田区押上）の女工たちは団結権を一〇〇年前の一九一七年に勝ちとり、東洋モスリン（江東区亀戸）の女工たちは二七年に「外出の自由」を勝ちとり、東京製綱（江東区深川）は二四年にはじめての「労働協約」を実現しています。下町の労働運動が日本ではじめて労働者の権利を勝ちとった事例は少なくないのです。階段を上るように一つひとつ「一歩後退・二歩前進」しながら労働者の権利を積み上げていきました。

語りつぐ東京下町労働運動史

旬報社

はじめに

「日本の労働運動は明治時代に始まった」といわれています。しかし江戸時代末期（一八六三年）、江戸川区に隣接する小菅銭座（〝寅さん〟で有名な葛飾区）では、賃金引き上げを求めて職場放棄（スト）に入りました。これが日本最初の〝ストライキ〟です。

明治に入り、下町には繊維、金属、日常品製造といった大企業の工場が、数多くたちならび、全国に先がけて「女工哀史」が広がっていきました。

一九二三年、関東大震災で三万八〇〇〇人、東京大空襲では一〇万人が亡くなるという悲劇も味わいました。一九四五年八月一五日、日本は無条件降伏、労働者国民は自由と民主・平和国家のもとであらたな段階を迎えることになりました。

本書から下町労働者の権利確立の歴史、そして歴史を語りつぐ重要性や意義の継承をつかんでいただければ幸いです。明治以降も東京下町（東部）は労働者のまちとして、東京市電スト、南葛労働会、東京モスリン、東洋モスリンなどの闘いから、戦後の東部労働運動、ユニオン運動に至るまで、今も労働者の運動は続いています。

故江戸川区労協議長 高橋治巳さんがいわれた「運動には定年はない」という言葉をかみしめ、ユニオン運動、地域の市民運動に参加してきました。下町、東部地域の先輩、先達、親や祖父母たちが残した労働運動史を訪ね、掘り起こし、下町の運動のＤＮＡを探し、後輩のみなさんに少しでも語り継いでいくことができればと思っています。

一緒に下町労働運動史の旅をしませんか？

小畑精武

二〇二四年五月

目次

Ⅱ　大正時代——震災前

Ⅲ　大正時代――関東大震災「亀戸事件」

Ⅳ 大正時代——震災後の労働運動

V 昭和時代——戦前

Ⅵ 昭和時代——軍国主義へ

Ⅶ　昭和時代——戦時下の労働運動

I 明治時代

1　労働組合への道

江戸時代の同業組合

江戸時代に「労働組合」はあったのでしょうか？　もちろん近代的な「労働組合」はなかったのですが、大工、左官、理髪はじめ職人の利益を守る同業組合があり、徳川幕府は桶工や理髪などには保護を与えてきました。しかし明治政府は禁止令を出し、残念ながら多くは衰退していきました。

明治時代の貧困、貧民を調査・ルポした『日本の下層社会』（横山源之助著、岩波文庫、一八九八年）によると、明治時代でも東京府庁に届け出ている組合は壁職、畳職、和服、屋根葺など江戸時代からの職業と造船、諸車製造、鉄工、煉瓦職、靴工、石鹸、人造肥料と新たに興った職業あわせて、じつに六八に及んでいます。

車会党（社会党ではない）――人力車夫の鉄道馬車反対同盟

明治になって新たに興った職に人力車職があります。一八七〇（明治三）年に発明された人力車は当時時代の先端を行く乗り物で、横山源之助は「今日都市の労働社会に在りては、交通労働者として、交通機関の上に欠くべからざる勢力者なり」と、船舶、鉄道労働者とならんで評価しています。荷車はトラック、人力車はタクシーに例えられるでしょう。荷車は大車が約千台、中車は六万台ですから、車夫もほぼ同数で、日雇が多かったようです。人力車夫も数万人といわれ、おかかえ車夫は比較的高い賃金でしたが、貸車営業者に雇われる車夫の賃金は低かったようです。本所には六〇〇台の貸車を有する営業者がいました。個人差はありますが、一日の賃金は約五〇銭、当時(一八九七〈明治三〇〉年)の米価が一〇キログラム一円一二銭なので、米に比べて賃金がいかに安かったかわかります。

一九〇三(明治三六)年の人力車夫は三万七二〇五人。そのうち当時の一五区のなかで今日の下町(東部)にあたる下谷区、浅草区、本所区、深川区には一万四二八二人と三八・四%が集中していました。鉄道が一八七二(明治五)年に新橋－横浜間が開通したとはいえ、市内交通の主役は人力車でした。しかし、一八八二(明治一五)年には大量輸送が可能な鉄道馬車が新橋－上野－浅草間が開通、続いて一九〇三(明治三六)年には路面電車が品川－新橋間に開通し、ツナミのように人力車夫を襲い、失業問題に発展していきました。

人力車夫たちは、「馬車をつくるのは勝手だが、天下の公道に線路をつけて、一定の場所を独占するとは不都合である、われわれは同盟して会社に向かって線路を廃止させねばならぬ」と演説し、反対運動を始めました。一八八二(明治一五)年一〇月、自由民権運動を進める当時二三歳の自由党の青年党員奥宮健之《おくのみやけんし》と人力車夫のまとめ役の三浦亀吉が示威運動を相談し、鉄道馬車反対同盟が結成され、浅草の伝法院で集会を持ち、神田明神山に集まって柄杓で酒を飲み、演説をしたそうです。そうしたなかで結成されたのが「車会党」（社会党ではない！）です。労働組合の名前はありませんが、人力車夫の団結体が結成されたのです。党規則の第一条には「車夫営業のため相互に懇和、親睦するを旨とし」が明記されました。会員は数千人に達したそうです。

しかし、一一月二四日に両国の井生村楼《いぶむらろう》で大会を開き気勢を上げたところ、演説中に中止・解散が命ぜられ、二〇〇〇人余の聴衆は騒乱状態に。さらにその四日後、奥宮と三浦らが吉原遊郭にくり込んでの帰り、巡査と喧嘩して監獄に入れられ、その間に車会党は瓦解してしまいました。

同じころ、石川島造船所（豊洲）など鉄工労働者の組合の動きが始まりました。一八八七（明治二〇）年に、車会党と同じ会場、両国井生村楼で鉄工懇話会を開き新聞記者の演説があったのですが、途中から博打が始まり組合の話はご破算になってしまったそうです。

自らの酒や博打でせっかくできた団結体・組織をつぶしてしまったことは、酒や賭けごとによる会社の懐柔、組合つぶしの不当労働行為がまかり通ってきたことを考えると、まだまだ教訓化できると思います。

それでも、明治時代に下町は深川に官営セメント工場、墨田の鐘ヶ淵に紡績工場（後の鐘紡）などがつくられて、職人の街であるとともに徐々に工場地帯として広がっていきました。明治時代のストライキとしては、一八八六（明治一九）年の山梨県甲府の雨宮紡績の女工ストが最初といわれ有名ですが、下町でも一八九一（明治二四）年には東京の石工一三〇〇人が日給引き上げを親方に要求し同盟罷工（ストライキ）に入り勝利した記録があります。
こうして、ようやく労働組合期成会が発足する一八九七（明治三〇）年を迎えることになります。

日本メーデーの起源は向島での花見？

五月はメーデーです。メーデーの起源は、一八八六（明治一九）年アメリカのシカゴで八時間労働制を求めてゼネストに入り、大規模なデモ・集会が行われたのが最初です。

日本のメーデーは下町の花見から始まったようです。当時から隅田川の堤（墨堤）は桜の名所でした。一九〇一（明治三四）年向島白鬚神社前の広場で開催されたのが日本労働者大懇親会です。

1901年日本労働者大懇親会

会費は一〇銭、午前九時開会、奏楽、祝声、演説、昼御飯、遊戯、福引、酒宴、散会のプログラムで、警視庁は酒類を与えないことなどを条件に五〇〇〇人の入場を許可していたのですが、三万人以上の労働者が集まりました。労働期成会の片山潜が労働者の保護法制定、普通選挙法制定、毎年のメーデーを提案し、決議されました。

労働組合期成会の結成

「わが国で初めて労働組合をつくろうとしたのは、活版印刷職工たちだった」（大河内一男、松尾洋『日本労働組合物語・明治』筑摩書房、一九六五年）、一八八四（明治一七）年のことです。その後一八九〇（明治二三）年には活版工一五〇〇人による同志会の旗揚げ（日本橋木挽町）までこぎつけましたが、会費の使途が不明のため解散を余儀なくされました。

そして、一八九七（明治三〇）年七月に労働組合期成会が日本橋区で高野房太郎、片山潜、城常太郎たちによって結成され、一二月に石川島造船所を含む鉄工組合が結成されます。その後、東京馬車鉄道御者車掌同盟期成会、靴工クラブ、東京船大工組合など労働組合が結成されていきました。しかし、政府は一九〇〇（明治三三）年に悪名高い治安警察法を制定し、労働運動への弾圧を強め労働組合結成運動は弱体化していきました。

2　東京市電ストライキ一〇〇周年

日本鉄道のストライキ

日本鉄道は鉄道国有化（一九〇六年）前、上野から青森までの東北線を所有していた会社です。蒸気機関車の機関方と火夫は、日清戦争時の軍隊輸送に骨身を惜しまず働いてきたにもかかわらず、

「馬」と呼ばれていました。駅長など職員は賞金を受けたのに、彼らには何もなかったのです。こうした身分差別に反対し待遇改善を求めて、一八九八（明治三一）年二月二四日ストライキに立ち上がりました。福島から始まり、一関、上野、宇都宮、仙台、青森へと広がって二七日まで続き、会社は打つ手もなく交渉に入り、機関方など名称の改定、賃上げを認め、労働者の大勝利に終わりました。

この時までの明治時代の運動は酒によって自壊することが多かったのですが、日鉄労働者のリーダーは禁酒会を起こし、参加者は二〇〇人に達したそうです。

当時の争議は要求をかかげていきなりストライキ（同盟罷工）に突入するパターンが目立ちます。これは労働組合が正式に認められていないため団体交渉が制度化されていない時代の特徴といえます。それどころか治安警察法は労働組合の組織化を事実上否認する内容でした。

明治時代の隅田川の東側は本所や深川を除いて工場はほとんどなく、まだまだ田んぼが多かったのです。市内交通は人力車、鉄道馬車から、一九〇三（明治三六）年には市内電車となりましたが、隅田川を超える市内電車はせいぜい厩橋、本所、深川まででした。ちなみに両国始発の総武線の開通は一八九四（明治二七）年です。それでも隅田川沿いには工場が建ち始め、石川島造船、浅野セメント、鐘紡などの工場が建設されていきました。

政府の富国強兵政策のもと、日清戦争（一八九四～九五年）から日露戦争（一九〇四～〇五年）と続き、これに対して反戦の声もあがり、一九〇六（明治三九）年一月には日本社会党が結成されました。三月には社会党が主導する市電値上げ反対運動が盛り上がり、日比谷公園で計画された市民大会（今も日比谷公園は労働者、市民が集う場所ですね）は暴動にまで発展し、電車の焼き打ちまで起こりました。本所でも夜まで暴動が続いたそうです。東京府は値上げ申請を却下しました。

そのころ全国では足尾銅山、別子銅山、三菱長崎造船所などでストが勃発していきます。石川島造船所（佃島）の労働者は一九〇六年二月に一般職工の日給（三〇～八八銭）が職工長（一円二〇～三〇銭）に比べて低いと賃上げを要求。警察は介入し集会を解散させました。労働者は深川公園に移ったものの、今度は深川署が介入し、会社も強行姿勢を貫き、ストライキは敗北に終わりました。

こうした民衆の運動が高揚していくなか、一九一〇年には明治天皇暗殺を企んだとして多くの社会主義者・無政府主義者たちが検挙され、幸徳秋水たち一二人が死刑に処された大逆事件がおこりました。

明治の最後をかざる東京市電ストライキ

「東京の交通一〇〇年博」（江戸東京博物館、二〇一一年七月一四日～九月一〇日）が開催されました。

展示されていた黄色い車体の実物の都電六〇八六号や関東大震災後に導入された最初のフォード型市バスはなかなかの迫力です。しかし、一〇〇年前のストライキの紹介はどこにもみられませんでした。こうした博覧会の多くが「物」を見せることに傾き、その物を動かした労働者や労働についてはほとんど語られないのは、資本主義の人間軽視にあるような気がしてなりません。

明治の最期をかざる闘いは一九一一（明治四四）年の大晦日から翌正月二日にかけての東京市電運転手、車掌六〇〇〇人のストライキです。値上げ問題をきっかけに市内電車は公共性が議論され市営となり、それに伴う東京鉄道解散に対する配当金をめぐって大ストライキに入ったのです。重役には四万九〇〇〇円、上級職員三九二円に対して一般の運転手、車掌にはたったの四六円しか分配されなかったからです。わずかな分配金に労働者の不満が爆発！　三田車庫からストライキは上野、青山、浅草と広がっていきました。本所車庫は私服刑事が配置されストライキが遅れました。しかし当局との問答の末、ストに突入。大晦日、新年元旦と東京市電は全線ストップ。大事件です。二日に市が収拾に乗り出し、重役の配当金をはぎ取って労働者に回すこととなり、当初の二、三倍の配当金を勝ち取りました。

ストは勝利をもたらしましたが、本所の一〇人を含む六四人が治安警察法違反によって検挙され、片山潜も逮捕されたのです。

東京市電ストに誘発され、一九一二（明治四五）年は全国でストライキが起こりました。この年七月明治から大正に改元され、八月新しい時代の労働組合「友愛会」が結成されます。下町も大正期には工場化がすすみ、労働組合の活動が活発になっていきます。

3　労働者保護・工場法への道

貧民の街　本所、深川

横山源之助の『日本の下層社会』の冒頭「東京貧民の状態、都会の半面」に本所、深川が描かれています。

「東京一五区、戸数二九万八千、現在人口一三六万余……多数は生活に如意ならざる下層の階級に属す。細民（貧民）は東京市中いずれの区にも住み、……細民の最も多く住居する地を挙ぐれば……本所・深川の両区なるべし。……職人および人足・日傭取《ひようとり》の一般労働者より成り立ち、……日傭稼《ひようかせぎ》・人足・車夫等、下等労働者は大略本所・深川の両区より供給せらる。」

しかし、より劣悪な環境の「貧民街（スラム）」は四谷鮫ケ橋、下谷万年町、芝新網で、東京の三大貧窟といわれました。

「九尺二間の陋屋（狭い家）、広きは六畳、大抵四畳に、夫婦・子供、同居者を加えて五、六人の人数住めり、……僅かに四畳六畳の間に二、三の家庭を含む。婆あり、血気盛りの若者あり、三十を出でたる女あり、寄留者おおきはけだし貧民窟の一現象なり。」と貧民街の居住環境を描いています。細民の居住環境も五十歩百歩であまり変わらなかったようです。今とはずいぶん違うようですが、ほんとうでしょうか？　今でも路上生活を強いられている「現代の貧困」があり、一〇〇年たってもまだ資本主義が生み出す貧困は克服されていないと思います。

賃金交渉をした深川の沖仲士組合

『日本の下層社会』が発刊された一八九八年ごろ、賃金は職工で一日三〇銭、人足で二七、八銭とあります。深川には運送に携わる労働者が多く、船からお米を降ろす沖仲士（港湾労働者）の賃金は三〇斗以上で三〇銭、六〇斗以上では五〇銭という賃金表をつくることもしていました。

「深川仲士人足の間に強固なる労働組合あり、三業組合と名づく。賃金の競争、および他の土地より入り来る仕事師の競争を防ぐを目的とし、人足請負頭と連合し、深川に回送する米穀の運搬に従う沖仲人足ことごとくこれに加わり、当時の組合員の総数一千余人に出づ。組合は、各廻米問屋と交渉して一定の賃金割を定め、米商会所ならびに各廻米問屋に通して規定を破ることなからしむ。賃金表は左の如し。組合の組織極めて堅く、もし破るものあらば厳重の制裁を加え、仲間外れとなして交際を絶ち、その成績はなはだよし。」（『日本の下層社会』）

さらに、物価が高騰した一八九六年には賃上げを廻米問屋に要求したが話はつかず、一致して「同盟休業」に入りかけ、仲裁が入っておさまったそうです。当時のお米は今以上に必需品！　もし、二、三日でもストライキに入れば米小売市場・庶民生活への影響は計り知れないものがあっただろうと、横山源之助は書いています。

劣悪な労働条件から「工場法」公布へ

明治末期の下町はすでに工場が建ち始め、南葛飾郡隅田村（現墨田区鐘ヶ淵）には、その地名を会社名にした大手の鐘淵紡績（カネボウ）がありました。当時の最大の紡績工場の集積地は大阪でしたが、江東区の小名木川沿いの富士瓦斯紡績や堅川沿いの東洋モスリンなどいくつかの紡績工場がありました。

明治末期、東京亀戸の東洋モスリンでは一九〇九（明治四二）年一月一一日から一三日にかけて争議が勃発しました。男女八〇〇人ほぼ全員の労働者が賃上げを要求、会社は男一五人、女一八人を解雇しました。結果は会社が職工間の評判が悪く他社からの「引き抜き」を担当していた機織部長を罷免し解決したそうです。

地方で女工を募集するうえに、近隣工場から「引き抜き」をしなければならないほど、当時は人手不足だったようです。とくに日露戦争は富士紡績に大きな需要をもたらしました。地方での募集勧誘にあたっては、都会生活、職工生活の快楽のみを説明し、その辛さ苦しさについてはふれないのです。人手不足は裏返せばやめる労働者が大変多かったことにもよります。なぜやめるのか？　それは午前六時～午後六時（東京モスリン）、一日一二時間（小名木川綿布）の長時間に加えて夜業・徹夜が多く労働条件が過酷だったからです。

政府もこうした劣悪な労働条件を無視することができず、労働実態調査を一九〇一（明治三四）年に行い、『職工事情』（一九〇三年出版）としてまとめています。そこに出てくる甲という会社では一九〇〇（明治三三）年の一年間に、前年繰越し労働者数一二四六人のうち、正当解雇八一五人、逃走除名八二八人、事故請願三九四人、病気帰休者一一八人、死亡七人で、雇い入れ総数が一五三八人、再勤務二〇二人、満期継続二四二人で一二月末現在数はわずか六二二人に減っています。また児童労働も、東京紡績では一四歳以下が一五％とかなりの比率を占めていました。

こうした大量の退職者を生み出す劣悪な工場労働の実態から、政府は、一二歳未満の労働の禁止、女子および一五歳未満の最長就業時間を一三時間、深夜業の禁止、労災扶助制度などを内容とするはじめての労働者保護法となる「工場法」を一九一一（明治四四）年に公布しました。しかし、零細企業の多い織物業界の反対が強くて、施行は一九一六年と五年間も延期されたのです。

II 大正時代 ―― 震災前

1　闘う東部労働運動の成立

時代は明治から大正に入ります。大正元年は一九一二年、お隣の中国では一九一一年に辛亥革命が起こり、翌一九一二年には二〇〇〇年続いた清王朝が倒れ中華民国が成立します（映画「一九一一年」の原題は「辛亥革命―一九一一年」で孫文たち革命軍の闘いを描いています）。

日本では明治天皇の暗殺未遂事件といわれる大逆事件（デッチあげ）が一九一〇年から一一年におき、社会主義者の幸徳秋水、管野スガなど一二人が死刑となりました。翌一九一二年七月三〇日に明治は終わり大正が始まりますが、わずか一五年で昭和になります。しかしこの時代は民衆・労働者の歴史にとって重要な転換点となりました。普通選挙を求めた大正デモクラシーが盛り上がり、溶鉱炉を止めた八幡製鉄（日本製鉄）のストライキをはじめ、今日につながる本格的な労働組合運動が始まったのです。

友愛会の結成

大正が始まった八月一日、後に日本労働総同盟になる友愛会が結成されます。結成の場所は残念ながら下町・東部ではなく、芝公園に近い惟一館《いいつかん》（キリスト教会、今は総同盟会館）の図書室です。集まっ

大正時代の主な下町・東部労働運動（1912年～1926年）

1912（大元）年	8月1日	友愛会創立
1914（大3）年	6月20～21日	東京モスリン（吾嬬町）争議
1917（大6）年	7月28日～8月2日	富士瓦斯紡績押上工場争議
1920（大9）年	5月2日	日本最初のメーデー（上野公園）
	3月1日	東京ではじめて女性車掌をのせたバスが上野－新橋間をはしる
	7月14日～26日	富士瓦斯紡績押上工場争議
	10月2日	平沢計七ら純労働者組合結成
1921（大10）年	1月12日	足立鉄工所（吾嬬町）争議で機械破壊
1922（大11）年	10月25日	渡辺政之輔ら南葛労働会結成
1923（大12）年	9月5日	（9月1日関東大震災）亀戸事件（平沢計七らが殺害される）
1926（大15）年	2月16日	東京製綱と総同盟製鋼労組がはじめて団体労働協約を締結

（参考）『日本労働組合物語〈大正〉』　大河内一男、松尾洋、筑摩書房、1965年

たのは電気工、機械工、畳職、塗物職、牛乳配達夫、散水夫など一五人、中心は鈴木文治（統一基督教弘道会幹事）でした。名前を決めるのに色々あったそうですが、まだまだ弾圧が強いので、出発点としてイギリスの「フレンドリー・ソサエティ」にならって「友愛会」に決まりました。目標は「親睦・相愛扶助」「識見開発・徳性涵養・技術進歩」「地位向上」です。労働組合建設をめざしながらも友誼的団体からのスタートでした。芝は東京の南部地区にあり東芝の前身である東京電気と芝浦製作所、日本電気、池貝鉄工所など大工場が多く、以後品川、大田、川崎へと南部は広がっていきます。

下町・東部の争議

明治時代に隅田川沿いで始まった労働運動は大

正時代には下町各地へ広がります。隅田川河口の石川島造船所から墨堤を逆上ると鐘紡へ、小名木川や竪川を東に向かうと亀戸、一九〇九年に賃上げ要求の争議が起こった東洋モスリンがあり、横十間川を北へ行くと一九一四年に争議が起こる吾嬬町東京モスリンへと友愛会の運動は広がっていきました。

大正時代の下町・東部の労働運動は社会主義、共産主義をめざす運動ともつながり、戦闘的労働運動の拠点が形成されていきます。一九二二年に結成され戦闘的労働運動の代名詞「南葛魂」で名をとどろかせた南葛労働会が渡辺政之輔らによって結成されます。

そして一九二三（大正一二）年九月一日、運命の関東大震災が発生しました。下町一帯は焼け野原となり、その混乱の中で、平沢計七はじめ若き労働運動や社会主義運動の活動家が亀戸署で軍隊によって殺されたのです（亀戸事件）。同時にデマにより朝鮮人、中国人も多数殺されてしまいました。

大正時代の最初にあたり、年表で簡単に振り返ってみましょう。

2　東京モスリン吾嬬工場ストライキ

大正時代は現在生きている私たちにグッと身近に感じる時代です。大正といえば一九二三（大正一二）年九月一日の下町を壊滅させた関東大震災があまりにも有名ですが、その前に一九一四（大正三）

年六月に第一次世界大戦が勃発しています。しかしこの戦争に対して結成間もない友愛会は戦争反対の運動を起こすことができませんでした。それでも、不況、解雇、賃下げなどが相次ぎ、闘いは盛り上がりました。

一九一八年には米騒動、一九二〇年には第一回メーデーや八幡製鉄溶鉱炉の火を止めたストライキと、今日につながる労働運動が起こった時代です。

東京モスリン吾嬬工場

二八〇〇人がストライキ

下町では第一次世界大戦が始まった一九一四年六月に、南葛飾郡吾嬬町（現墨田区文花団地）の東京モスリン吾嬬工場で女子工二四五〇人と男工三五〇人がストライキに入りました。不況のため六月から一一月まで作業を半減し四〇〇〇人の職工のうち一〇三二人を解雇したことで問題が起こり、わずかな退職金（二〇年の勤続で日給の二か月分、一年だと一六日分）で解雇問題は解決しました。しかし、会社は残っている労働者に対し六月一七日平均一五％の大幅賃下げ、請負者は実質四～五割の賃下げを通告したのです。株主には一割配当を続け、社員には解雇も減給もなく賞与が出ていました。それに対して六月二〇日交代起床の鐘を合図に女子は寄宿舎に男子は押上倶楽部に集結し、二〇〇〇人余がストライキに入ったのです。会社はあわてました！　翌日会社は一二月からの賃金復旧を約束してストは終わり、その後六月二八日には七～八〇人の有志が本所押上倶楽部に集まり工友会が組織されました。

ストライキを禁じた治安警察法

対抗する会社が七月一四日工友会の幹部一二人を解雇したため、ストが再発。このストでは今西会長が治安警察法第一七条違反で小松川警察署に拘引され、有罪とされました。さらに一〇人が解雇され、指導部を失った争議は結束が崩れ労働者の完全な敗北に終わったのです。第二次ストの後、二二人の解雇問題と今西会長の裁判が残されました。今西会長は「同盟罷工（ストライキ）」を扇動したとして、治安警察法第一七条違反で起訴されていたのです。

工友会は友愛会鈴木文治会長に支援を要請、彼は警察や会社と調停に入りました。結果、今西会長は釈放されたものの懲役三か月、三年間の執行猶予の判決、二二人は金一封（一〇円）の涙金で終わったのです。しかし、東京モスリン争議以降も今西会長たちは運動をつづけ、千数百人を有する友愛会本所支部結成につながっていきます。

ストライキの結果は敗北に終わりました。しかし、この争議は結成間もない友愛会の鈴木文治会長が支援に入ったこと、後に友愛会初の女性理事になる紡績工山内みなが若干一二歳で争議に参加し活動家として誕生したことが特筆されます。

3　山内みな　東京モスリン女工から運動へ

私は現役時代、地方への出張が多く、時間があれば土地の古本屋に行くことが楽しみでした。四国松山の古本屋で偶然見つけた本が亀戸で働き活動していた山内みなの『山内みな自伝―十二歳の紡績女工からの生涯』（新宿書房、一九七五年）でした。

以下『山内みな自伝』から当時の紡績工場の労働について引用します。（文体を変えています）少し時代は下がりますが、有名な『女工哀史』の著者細井和喜蔵が働いていた工場も東京モスリンでした。

山内みな（15歳のころ）

山内みなは四方が山に囲まれた宮城県の県北で一九〇〇（明治

三三）年一一月八日に生まれました。小学校卒業後一二歳のとき、叔母さんが「東京には紡績という会社があって、寄宿舎もあり、一日働けば給料がもらえ、仕事が終われば夜学校へかよって勉強もできる。食堂があってご飯を食べさせてくれるのだから、こづかいはなんにもいらない。行くことにきめれば前借金一〇円（約二万円）だそうだ。」とすすめられ、亀戸の東京モスリンに勤めはじめました。前借金は一〇円で五円を家に、残り五円で羽織を買いました。

上野駅に着いたら社員が迎えに出ていて、市電に乗せられ、終点（押上）から歩いて工場に行きました。東京モスリンは現在の墨田区都営文花団地がある場所です。「東京というから街のなかにあるものと思ったら、田んぼのなかでした。」工場内の寄宿舎の塀は高く屋根までもありました。

午前〇時交代の一日一二時間労働

四日目から、ヒダが沢山ある長いスカート、長袖のブラウスに感激しながら工場で働きはじめました。休憩室はなく、床にべったり座るか、箱をひっくり返して座りました。仕事は、縦糸三〇〇〇メートルを巻いて仕上げるところで、糸が一本でも切れると機械を止めずに糸をつなげる作業でした。一か月働いての賃金は一日一八銭、食費が一〇銭なので、手元には八銭しか残りません。三か月間は見習い期間で、外出は許されません。昇給は年二回。一九一四年の正月から一銭上がったものの、前借金一円と強制貯金一円が引かれ、手取りは前より下がりました。

見習い期間が過ぎると深夜労働が始まります。正午から午前零時まで一週間働き、翌週は午前零時から正午まで働く、二交替制です。風呂は銭湯の倍ほどなのに、千人もの女工がはいるため、いつ行ってもいっぱい、やっと入れても垢でどろどろのお湯でした。ほっと一息をつくともう夕方、睡眠時間は四～五時間でした。

叔母さんの解雇、工場の食事、ストライキ

山内みなと一緒に工場に入った叔母さんは、勤めはじめて一年半ぐらいたったころに、第一次世界大戦で羊毛の原料が輸入制限され操業短縮になって解雇されました。みなは「おらの叔母さんの首切らないでくれ、おらは叔母さんのおかげで東京にこられたのだ、成績が悪ければ一生懸命やるように言うから」と一人で事務所に行って頼みました。でも聞き入れてもらなかったのです。

寮の食事は、朝食に南京米のぼろぼろのご飯と味噌汁、たくあん三切れぐらいでした。夕食には魚（サバ、イワシかニシン）がときおりつきました。

会社には原料を運ぶ臨時工が常時五〇人くらいいました。食堂で昼食を食べることはできず、外で弁当を立ち食いです。お湯一杯もでません。みなは会社に、食台と湯水を与えろと無署名で訴えました。半月ほどたってから会社は新しい食卓と大やかんが五個用意され、すっかりうれしくなりました。

会社に学校があり、勉強をしたいと入りました。最初は六〇人ほどだったのですが、二年後の卒業

のときには三〇人ぐらいに減りました。女工は三〇〇〇人もいたのですから、ほんの一握りで、学校は看板でした。

入社した翌年の一九一四年六月二〇日、朝。工場に出ると、男工、工場監督助手（女）が「仕事をやめろ、外に出ろ」と呼ぶ声とともに、エンジンが止まり、みんなが入口に殺到しました。ストライキが始まったのです。

山内みなの東京モスリンストライキ

いよいよストライキが始まります。

外へのドアを開けたら、機織りの女工さんが立ち並んで通路は一杯。「地震でもあるんじゃないか」との声も。やっと第二ドアのところに来たら、男工と守衛がもみ合い、草履で頭の殴り合いをしていました。守衛は押しまくられ、外に放り出されてしまいました。

「これは何かあったのですか」

女工たちは男工の指示通りに寄宿舎に引き上げます。

「ストライキというもんだそうだ。おらたちの給料も男工もあんまり安いから、二銭か三銭上げてけろ、そんだねいと稼げねい（働けない）というごったから、よかんべいと思ったのさ、男工さんから仕事せいと言ってきたら工場へ行くべえ、それまで寄宿舎で休んでいればいい」と年上の女工はみなの問いに喜んで答えました。

その日は完全に部屋に閉じこもり、布団を引っ張りだして寝てしまいます。

「給料は一銭でも上げてもらったほうがいいけれども、こんなことをしていいのだろうか」と、布団のなかでみなは悩みました。

たった一日のストライキ、でも……

二日目の朝、守衛と舎監と暴力団がいっしょになって、女工が寝ている布団をはぎ、工場へ追い出しました。女工と争議指導部との連絡が途切れてしまったのです。二日目の夜に工場の塀の外から連絡文が投げ込まれます。「工場に出るな、ガンバレ」というだけでした。でも結局ストは一日で終わりました。

「会社が交渉に応じないので、友愛会に頼んで交渉中だ。やっぱり友愛会でなければだめだ。みんなで会員になろう。会費は一か月で十銭だから」と稲葉という機械修理工がオルグにやってきました。

「ストをやった人（指導部）は全員解雇された。会社は連中を復職させればまたストをやるから復職させない。給料はおりをみていくらか上げる。友愛会のおかげでたくさん退職金をもらった。警察が出てきてみんなを連れていったのだから、なんとも手のつけようがなかった」との話。

「ストは会社にとっては一番いやなことなんだ。警察がでてくるなんておかしい」とみなは稲葉に言います。

「警察は会社の犬だ。給料を少し上げてくれと言ったって、さっぱりらちがあかないからストをやったんだ。なんにも悪いことしたんじゃねえ」と稲葉は憤慨してこたえました。

「友愛会でなければ会社は相手にして話を聞いてくれない。友愛会は私たちの味方なんだ」とみなは友愛会加入を決意します。

会員拡大のオルグへ

みなは友愛会の会員を増やし会費を集める活動をはじめ、熱心にすすめます。工場の機械のかげに稲葉と油つぎの男工が交替で争議指導文と交渉の経過を報告。知りたい意欲がある若い女工が集まりました。

集まる女工は四分の一程度で、年齢の高い女工は居眠り。通勤女工は技術は持っているが子持ちか家庭持ちで、通勤一か月後には顔は青ざめ、髪は起きたままの姿、疲れて仕事中に機械にもたれて居眠り。

「目を覚ませ」と監督が怒鳴ります。

「若い女工はお嫁に行くと『夜業』があるから寝不足なんだ、今に死んでしまう」「夜のアレをすくなくすればいい」と言う人。

「結婚すれば私もそうなる。女工をしている限り私は絶対に結婚しない」と一二歳のみなも決意を固めていました。

一日一二時間という紡績工場の長時間重労働を自覚しないで、結婚しても働くのが悪いと若い女工たちは考えていたのです。

4 第一次世界大戦と米騒動、大島製鋼所争議

「溶鉱炉の火が消えた」

東京モスリン争議があった一九一四（大正三）年、ヨーロッパで第一次世界大戦が始まりました。日本から遠く離れた戦争は日本資本主義にとって発展のチャンス。工場も労働者数も増加し、一五人で始まった友愛会は一九一六年には三万人になっていました。大戦末期には労働争議が頻発し、一九二〇年には九州の八幡製鉄所（日鉄）で溶鉱炉の火が消えるという大争議が起こります。当時の要求は賃上げとともに八時間労働制が職場要求であり、労働組合の公認、普通選挙権、治安警察法の撤廃が運動の大きな柱でした。下町では本所（現在の錦糸町楽天地）の平岡汽車会社で争議が起こっています。ロシア革命が起こったのも一九一七年です。

米騒動の勃発

物価も激しく上がりました。富山の漁師女房たちの米騒動が一九一八年七月に勃発し全国に広がっていきました。東京での米騒動は八月に日比谷公園音楽堂に最高時一五〇〇人が集まり、これに対して正力松太郎（戦後原発を推進した）方面監察官が警察官を指揮して、民衆を追い出したため、民衆は銀座の商店ショーウィンドーをぶち破り、日本橋、蠣殻町に流れ、さらに深川方面に流れていったそうです。銀行、商店、料理店が打ち壊され、正力松太郎も投石により頭に負傷しました。米騒動は一道三府三二県、件数一五九、参加人員一〇〇〇万人におよびました。

一九一八年に第一次世界大戦は終わり、一九一九年にはＩＬＯ（国際労働機関）が創設されました。

一〇〇人を突然解雇

一九一九（大正八）年五月に大島町の大島製鋼所（江東区大島四丁目団地）で争議が勃発しました。一〇〇〇人の従業員の一割一〇〇人を突然解雇し、機械工場では従業員一七〇人のうち二一人が解雇されました。

個人加盟で職場での組合員が少ない時代に、この職場は全員が友愛会の会員でした。不当解雇として①機械工場の職工すべてを解雇された職工と同額の手当で解雇せよ、②旋盤工場の主任某、仕上げ工場助手某を解雇せよ、③職工が毎月月収の三分を積み立てている手当金を払い戻せ、と要求しました。五日正午には同盟罷業に突入しました。①の要求は今日では考えられない内容です。首を切るなら全員の首を切れということで、血も涙もない会社では全員が働けないという理由です。

六日に罷業実行委員会は会社常務と会見しました。しかし会社は要求を全面的に拒否。七日も交渉を重ね、職工側は全員解雇せよという要求は取り下げ、職工が信頼する六人を復職させよと要求しました。それも会社は認めず、第三項だけを認めるとの回答に交渉は決裂してしまいました。

九日夜、争議団は大島町の五ノ橋館で会場があふれるほどの労働者が集まり大会を開きました。大会には友愛会の東京鉄工組合代表の松岡駒吉（後に労働総同盟会長）や、後に亀戸事件で官憲に殺される城東連合会長の平沢計七らが熱弁をふるいました。

一〇日には罷業は全工場に広がりました。他方で同情金（カンパ）が続々と集まり総額二〇〇円にもなったそうです。この日労使の調停に入ったのは亀戸署長でした。今では考えられないことですが、当時は労働委員会もなく、直接警察が調停に入ったのです（現在の警察は「民事不介入」が原則です）。

その結果、職工側の復職要求を一人減らす、会社は今後増員のときには解雇者から採用することを約束、第二項も「近く職工の希望を達せん」と約束し、翌一一日から全職工が就労しました。

同年一一月には石川島造船所で八時間制と賃上げでストライキ、東京市電でも争議がおこっています。ちなみに一九一九年の労働争議は二三八八件、参加人員三三万五二二五人、このうちストライキは四九七件、六万三一三七人と記録されています。二〇〇九年はわずか四八件、三六二九人なので、労働組合活動が厳しく制限されていた大正時代のほうが争議・ストライキ件数が圧倒的に多かったのは驚きです。戦う武器を三〇年間放棄し続ける労働者が圧倒的に多い日本、現代は企業側にとって天国だろう。

5　江東に生きた女性たち

江東は近代女性史の典型

「何か下町労働史に関する本、資料はないかな?」と神田の古本屋を覗いていたら、『江東に生きた女性たち―水彩のまちの近代』(ドメス出版)、という背表紙が目に入りました。刊行は一九九九年、江東区の要請で江東区女性史編集委員会によってつくられた三五四ページの立派な本です。構成は「写真でつづる江東の女性たち」「聞き書き　江東の女性たち」「江東の女性のあゆみ」からなっています。今回は大正にかかわるところを紹介したいと思います。

編集委員会は「江東区はある意味では近代女性史の典型ともいえる地域でした」と三つの特徴をあげています。

第一は「近代産業の中核である紡績業があり、そこで働く女工たちとそのたたかいがあったこと」です。これまでみてきた東京モスリンのたたかいがあり、(今後触れますが昭和になっても亀戸の東洋モスリンのたたかいがありますʼ山内みなたちがいました。有名な細井和喜蔵の『女工哀史』にはこの下町の紡績工場の過酷な女性労働が描かれています。連続した深夜業による体力の低下と寄宿舎での集団生活により結核に感染する女工がいました。女工の平均勤続は二年未満が六五％です。女性たちを搾取する土台のうえに日本資本主義がつくられていったのです。

当時の亀戸はまだ南葛飾郡に属し亀戸町といいました。となりの大島町、砂町とともにやがて城東区となり、深川区と合併して江東区となります。一九二〇（大正九）年の亀戸の人口は三万八五四八人と大島、砂町より多く、女性労働者の割合は亀戸全労働者の四割と格段に多かったのです。これは日露戦争後、東洋モスリン（亀戸七丁目）、松井モスリン（現カメイドクロック）、日清紡績（亀戸二丁目団地）など三〇〇〇～四〇〇〇人規模の紡績工場が建設され、新潟、福島などから出稼ぎ女工が集められたからです。

東京モスリンの闘いを受けて、一九二〇年には友愛会の亀戸支部が結成され、富士瓦斯紡績小名木川工場で請負単価二割値上げ要求ストが勃発。要求を貫徹しました。東京モスリンでも再びストライキが起きています。『女工哀史』の著者細井和喜蔵と同棲生活をおくった高井としをが「人間らしいものを食べて人間らしくなりたい」と演説をしました。

人権抑圧の公娼制度

第二は「近代日本において女性の人権をもっとも抑圧した公娼制度、その大規模な遊郭が存在したこと」です。

遊郭があった洲崎（江東区東陽一丁目）は、現在は小さなマンションや民家が密集し昔の面影はほとんど残っていません。しかし、文字通り地名である海を埋め立てて作られた遊郭の名残の堤防が残っているのにびっくりしました。

遊郭に生きた娼妓は困窮した家のために田舎から売られてきて、前借金と年季奉公で自由がなく拘束されていたのです。娼妓を解放しようという運動の中心は洲崎でした。

第三は「江戸時代からつづく商人や職人の町であり、また農業、漁業、水上生活者、そして近代日本の植民地政策からくる在日朝鮮人たちなど、さまざまな女性の暮らしがあったこと」です。

バスが誕生　女性車掌の労働と賃金

大正時代に女性の社会進出は大きく進みます。米騒動の主役は女性。近代産業の最先端をいく紡績業の主役ももちろん女性でした。城東電車の車掌にも女性がいましたが、新しい乗り物バスの車掌が大正時代に誕生しています。

バスの営業運転は一九〇三（明治三六）年に広島で始まったといわれていますが、乗合馬車業者の反対で長続きしませんでした。しかし、同じ年の一一月に京都でバスの営業運転が始まりました。

東京のバスの先陣は京王電鉄でした。一九一三（大正二）年に笹塚－調布間の電車開通に伴い、未開通部分の新宿－笹塚、調布－府中にバスが代行運転されたのです。これも電車が新宿、府中に延伸されることにより、廃止となります。

東京市内では一九一九（大正八）年三月一日に新橋－上野間で東京市街自動車が営業を始め、翌年から女性車掌が採用されました。最初は少年車掌が乗務したそうですが、料金をネコババするので純真な女性車掌の採用に至ったそうです。

市バスの女性車掌

その後、一九二三年の関東大震災後によって市電は壊滅状態となり、市営乗合自動車事業が翌年の一九二四年一月から始まります。区間は巣鴨－東京、中渋谷－東京の二路線に一一人乗り四四両が走りましたが、そこには女性車掌は乗っていませんでした。しかし一〇月から女性車掌が採用されることになります。受験者は二五八人、合格者一七七人、うち既婚者は三一人いました。大変人気があったといえるでしょう。
一番長いバス路線は洲崎－永楽町－護国寺で約一〇キロ。当時のバスは小さくドアはなし、吹きさらしステップに立ち続ける過酷な労働でした。市バスの制服は百貨店の三越に注文し、フランス人のデザインによる紺サージのソフトカラーで、高級なイメージのバスにふさわしいものでした。ちょうど少し前のキャビンアテンダント（スチュワーデス）のようだったそうです。

高給でも毎日一〇時間の労働

労働は過酷でしたが賃金は当時としてはかなり高かったようです。一九二〇年の一八歳初任給が三五円、一九二四年には五二円から七四円（平均六三円）でした。当時の大卒サラーリンマンや教員の平均初任給四、五〇円よりも多いのには驚きです。しかし、これには裏がありました。車掌の賃金は残業代も含めての賃金だったのです。

一九二五（大正一四）年の朝日新聞「町の娘」に載った二一歳のバス車掌の話では、「何か稽古をしたいと願っていますが、なにしろ毎日平均十時間の労働で、疲れ切って帰りますし、六日に一度の休日も、お洗濯やら何かと雑事に暮れてしまいますので、思うように任せず残念です」と語っています。

ちなみに市バスの運賃は一九二四（大正一三）年には一〇銭でした。なんと、バス車掌の賃金六三円は運賃の六三〇倍。今はバス代が二一〇円なのでその六三〇倍は一三万二三〇〇円です。賃金が安く、バス代が高かったといえます。しかし、格差は大きかった！

当時の他の職種の賃金を比べてみよう。（カッコ内は現在の金額一円＝約二〇〇〇円位）

バス車掌　月給　六三円（一二・六万円）

総理大臣　月給　一〇〇〇円（二〇〇万円）
国会議員　月給換算　二五〇円（五〇万円）
都知事　月給換算　五〇〇円（一〇〇万円）
巡　査　月給　四五円（九万円）
小学校教員　月給　四〜五五円（一一万円）
国家公務員　月給　七〇円（一四万円）
銀行員　月給　四五〜五〇円（九〜一〇万円）
大　工　日給　二円九二銭（月二二日稼働で換算すると六四円、一二万〇〇〇〇円）
総理大臣、国会議員、都知事などがずば抜けて高い！　現在も高すぎ！

6　第一回ＩＬＯ労働会議

大正時代はわずか一五年ですが、日本資本主義が第一次世界大戦で急成長、一九一二（大正元）年に結成された友愛会は一九一九年に大日本労働総同盟友愛会と名称を変え理事会体制がひかれ、本格的な労働組合への活動を始めた時代です。

一九二〇（大正九）年には、第一回メーデーが上野公園で開催されました。九州の八幡製鉄では

「溶鉱炉の火が消える」争議、二一年には二年後の関東大震災救援に東京下町へ駆けつける賀川豊彦が指導した神戸の三菱造船所、川崎造船所の争議、四万人の街頭示威運動が展開されました。

世界では第一次世界大戦を機に世界平和を構築するために、国際労働機関（ＩＬＯ）の第一回会議が一九一九年にワシントンで開催されることになりました。会議は「一日八時間労働・週四八時間労働制」「婦人の深夜・有害作業禁止、産前・産後の休暇」「児童労働の制限、深夜・有害作業禁止」などが議題でした。

ＩＬＯへ下町から参加？

東京モスリンの争議で活動を始めた山内みなは、ＩＬＯ代表団の随員として市川房江から推薦されたそうです。しかし、政府が労働組合代表鈴木文治会長を労働者代表として認めなかったために、友愛会は理事である山内みなを随員とすることを承知しませんでした。

市川房江はこのころからの女性運動、婦人参政権運動のリーダーで戦後参議院議員になります。若き菅直人が彼女の選挙運動から政治に入っていったことは有名です。

名称を変え本格的なナショナルセンターへの道を歩み始めた大日本労働総同盟友愛会は「労働婦人」の発刊を決め、その編集に市川房江が採用されました。彼女は、ＩＬＯ会議の政府代表（鎌田栄吉慶応義塾塾長）の顧問田中孝子（田中王堂早稲田大学教授の夫人）が女工の実態に縁遠いため、現場の山内みなを顧問の随員にしようと動いたのです。

友愛会や別の労働団体である信友会などは労働者代表に鳥羽造船の重役兼技師長を選んだことに抗議する集会や示威行動を行いました。市川房江たち友愛会婦人部は女性の田中顧問に「婦人労働者の声を聞かせてやろう」「注文をつけよう」と集会を企画。一〇月五日に開かれた会場は墨田区本所業平小学校の雨天体操場でした。翌日の報知新聞はなまなましく集会の様子を報じています。

婦人の夜業禁止、八時間労働制を

来賓席には伊藤野枝（アナーキスト大杉栄と同棲、関東大震災時に殺害）や平塚雷鳥（女性解放誌「青鞜」を発刊、「元始、女性は太陽だった」で有名）が並び、日本髪を結った東京モスリンの菊地はつが赤ん坊をおぶって「八時間労働制を望みます」と発言。「オッカァうめえぞう」という男のヤジも出て爆笑。一七、八歳の靴女工は「真の労働代表者は資本主《ぬし》や学者ばかりでいけません」「夜業廃止」と発言。会場からは「ブルジョアのあんたは私たちのことはわからない」のヤジ、これに対して田中顧問は「アメリカで下女のような経験もあります」と切り返し。

最後に一八歳の山内みなは苦しい生活と長時間深夜業廃止を訴えました。結局「皆さんの今日の要望にそうように努めたい」と田中顧問の挨拶は終わったそうです。

この山内みなの演説から彼女に随員の話がまわってきて、会社もテンヤワンヤ!! 結局、労働者代表を認めない政府に抗議する友愛会の理事として、みなは「裏切れない、団結を守ろう」と決意して随員を断りました。

ＩＬＯ会議では田中が日本の女工の深刻な夜業実態を報告したのに対して、資本代表は「国の恥を国外にさらした」と批判。しかし政府は夜業禁止を定めた一九〇六年条約への加盟を表明、会議は妊産婦の保護、一四歳（日本だけ一二歳）以下就業禁止を決議しました。肝心な八時間労働制を定めたＩＬＯ第一号条約を、いまだに日本は批准していません。

Ⅲ　大正時代――関東大震災「亀戸事件」

1　亀戸事件　前夜

一九二三（大正一二）年、関東大震災の混乱時に有名な「亀戸事件」が起こり、当時の若き社会主義者、労働運動活動家一〇人が亀戸警察署で殺されました。同時に流言飛語が飛び交うなかで多くの朝鮮人や、四人の自警団が殺されたことも忘れてはなりません。

『社会労働大事典』（旬報社、二〇一一年）には「一九二三年九月三日夜、南葛労働会の川合義虎ら八人、友愛会時代からの運動家であり、労働劇団の主催者でもあった純労働者組合の平沢計七ら二人を検束した。」とあります。軍隊や警察が「殺す」ほど恐れていた当時の東京東部・下町の労働運動、社会主義運動ですが、実際はどうだったのでしょうか？

殺された川合義虎は当時二一歳、平沢計七は最年長の三四歳、他の八人は二〇歳から二七歳までの青年たちでした。南葛というのは南葛飾郡といわれていた旧城東区（現在の亀戸、大島、砂町など）、旧向島区（吾嬬町、寺島町、隅田町）現江戸川区、現葛飾区からなる東京東部の南側の地区をさします。ちなみに南葛飾郡の郡役所は現在の江戸川区小松川さくらホールの場所でした。その文書庫が東京大空襲で焼け残り、今は世代を結ぶ平和の母子像があります。

南葛労働会の若き活動家たち

南葛労働会は前年（一九二二年）一〇月に渡辺政之輔と川合義虎によって南葛労働協会として結成されました。同年七月には日本共産党が結党されています。川合義虎は翌年四月に一五人で結成された日本共産青年同盟の初代委員長にもなりました。渡辺政之輔は後に共産党の委員長になります。渡辺政之輔は関東大震災のときは、六月の第一次共産党事件で検挙され市ヶ谷刑務所に服役中、偶然ながら亀戸事件から逃れることができました。

南葛労働会の目的は極めてシンプルで、「本会は労働者の現実生活の向上を計るをもってその目的とす。」と規約にあります。組織は「東京府南葛飾郡およびその隣接地域に生活しあるいは就職している男女の労働者をもって組織す。」とあり、今日のコミュニティユニオンと似ています。そのうえで、地方別には「工場支部」「地方支部」「地方連合」を置き、産業別には「産業組合」と「山号組合連合会」を置き、事業として「イ 現工場法の厳守、ロ 工場法改正、ハ 住宅不安の除去、ニ 法律相談、ホ 機関紙の発行、ヘ 教育事業」を掲げています。

川合義虎は長野県生まれで当時二二歳、九月二日に控えていた日本最初の「国際青年デー」にむけて五月から青年同盟の組織を広めるために全国をオルグにまわっていました。九月一日の朝は、亀戸の広瀬自転車の争議の件で総同盟本部を訪ねた後、麻布区にある「労働組合」（共産党系の活動家組織レフトの機関誌）の発送作業をしている最中に関東大震災が発生します。発送作業には関東機械工組合の金子健太と事件で刺殺される南葛労働会の亀戸支部長で青年同盟員山岸実司（二一歳）がいました。

全国セルロイド職工組合

事件の被害者となった加藤高寿（三〇歳）は一九一九年五月に渡辺政之輔らが創立した全国セルロイド職工組合に加盟、組合員になった加藤は好きな酒や煙草をやめて、新人会（東大生らによる社会思想運動団体）機関誌「デモクラシー」を購入して仲間の労働者に配布しました。同年八月には葛飾・四ツ木のセルロイド職工四〇〇人を組織し全国セルロイド四ツ木支部を組織しています。九月にはゼネストに参加しました。しかし、解雇され産業の不振も加わり敗北におわりました。二一年には吾嬬町の足立機械製作所でストライキに参加、二二年一〇月に渡辺政之輔と南葛労働会を組織します。

後に江戸川区となる小松川では、近藤広造（二〇歳）が野沢電気で働いていました。上京した年の暮れに工場長と口論して解雇を言い渡されました。しかし同じ工場で働いていた渡辺政之輔、川合義虎らに助けられ解雇は撤回となり、労働運動、社会主義思想に関心を抱くようになって、できたばかりの南葛労働会の小松川支部長になりました。

純労働者組合の平沢計七

平沢計七（三四歳）は関東大震災「亀戸事件」で殺された社会主義者、労組活動家一〇人のうちの一人ですが、中筋卯吉（二四歳）とともに純労働者組合所属です。当初は友愛会に属していました。平沢計七は左翼化、戦闘化する友愛会のなかでは穏健派ともいえる立場でした。

平沢計七は一八八九年新潟県小千谷に生まれ日本鉄道大宮工場（現ＪＲ東日本大宮工場）で父親と共に働き始めました。そこで文学に入り「文章世界」「少年倶楽部」などに投稿しています。日露戦争に非戦的立場を取った劇作家小山内薫に憧れ、自ら書いた戯曲を持って師とする小山内宅を訪ねます。新橋工場に移り、二十歳になって徴兵で習志野の近衛歩兵第二連隊に入隊、一九一二年に浜松工場へ異動しました。洋式鍛冶工として子分もいたそうです。

東京には一九一四年秋に上京し、大島町（当時）の東京スプリングに就職。同時に友愛会江東支部に入会。まもなく友愛会の機関誌「労働及産業」に「一労働者」と題する小説を投稿しています。鈴木文治会長渡米全国労働者大会ではスピーチをしました。

上京から一年もたたない一五年四月には一〇人以上で設立できる分会を寄席「羅漢亭」で大島分会として設立、七月には早くも一〇〇人で設立となる大島支部に昇格しました。同時に労働者短歌会を結成して「労働及産業」紙面を労働者短歌が毎号賑わせました。友愛会会長の鈴木文治は「彼は面白い男だ」と評価し、本部書記に抜擢。そのころ友愛会の中に、後に日本共産党の議長となる野坂参三が提唱した「労働問題研究会」がつくられ、計七も参加しています。

しかし計七は徹底的なインテリ嫌いだったそうです。友愛会編集部員として計七は労働者向きに紙面を読みやすく楽しめるように工夫しました。そのころの友愛会本部で労働者出身は計七と松岡駒吉ぐらいでした。松岡駒吉は日本製鋼室蘭工場のストライキを指導し、後に総同盟会長、社会党代議士になった人です。本部には棚橋小虎、麻生久など大学出の学士が入ってきます。

城東連合会の結成

一九一八年、野坂参三がイギリス留学に出発、計七は出版部長になりました。この年は第一次世界大戦後の不況の中で米騒動が全国で起こり、労働争議が広がっていきます。

そうしたなかで大島製鋼所のストライキが起こります。一〇月には東京鉄工組合が産業別組織として結成。計七は亀戸、大島、城東、鶴東の四支部による城東連合会を結成、一二月には五の橋館で五〇〇人が参加する演説会を開催しました。

連合会には倶楽部、図書館、弁論部、文芸部、家庭部、余興部、労働問題研究部、労働争議調停部など一三の事業部門、労働倶楽部では将棋、蓄音機、図書室があり、地域に対して「招待会」を開催して職制、町長、警察署幹部などを招き、寄付金までもらったそうです。

友愛会を脱退、純労働者組合を結成

一九年六月出版部長を辞任、背景には棚橋たちとの激しい路線論争がありました。計七はロシア革命を「生きる光明を与えたり」と評価しましたが、日本の資本主義は弱く、階級闘争よりも労使共同で労働者の地位を向上させることを中心に考えていたのです。

七月に起こった大島製鋼所の三割賃上げ（二割で妥結）、久原（のちに日立）製作所亀戸工場解雇反対闘争二一日間のスト、敗北。八月久原製作所請負工の争議を指導、最低条件で妥結。その際重役と妥協工作をしたとの責任を問われ、戦闘しつつあった友愛会関東大会で計七弾劾決議があげられました。亀戸支部の渡辺政之輔（のちに日本共産党の委員長）と東京鉄工組合の山本懸蔵、棚橋小虎らが同調しています。

弾劾された計七たち城東連合会組合員約三〇〇人は二〇年一〇月二日に純労働者組合（純労）を計七宅で結成することになります。はやくも分裂を経験することになったのです。

亀戸が舞台の戯曲「石炭焚《ふん》」

平沢計七（三四歳）は文学に傾倒するなかで労働劇団を組織し、自ら脚本を書き、演じることもありました。一九一六年には「工場法」を書いています。機械工職人が工場で怪我を負い百円の補償金が出ると聞いて、使い道をめぐり妻と喧嘩になります。だが実際には二〇円しか出ない。それが工場との手切れ金になると忠告する片腕の古本屋の老人を無視して受領印に拇印を押してしまいます。老人は「指のけが位じゃだめだ。足をきれ、目玉をつぶせ、死んでしまえ。死ななきゃわかるまい。意気地なし。意気地なし。」と絶叫する筋です。

「労働劇団」は一九二一年に、以下のような規約をもって結成されました。

第一条　本劇団は労働劇団と称す。

第二条　本劇団は民衆芸術革命の為に存在する。

第三条　本劇団は技芸員であると同時に観客である会員組織とす。

（中略）

第八条　本劇団は当分の中事務所を東京府下大島町二丁目三一番地大島労働会館に置く。

この劇団の特徴は第三条にみられる「演ずる者」と「観る者」を一体化することによって一方通行ではない、双方向での認識の深化をねらった先駆的な取り組みとして注目されます。

亀戸を舞台にした「石炭焚《ふん》」という戯曲もあります。ある職工がいい金になるから鉄を溶かす炉に石炭をくべる仕事につかないかと誘われ応じます。だが仕事は午前四時から午後八時まで、休みも月二回しかない。過労の結果、やせ衰え、夫婦げんかが絶えず、娘も煤煙のなかで呼吸病になって死んでしまう。すでに大正五（一九一六）年に公害問題を提起していたのです。「平井ぜんそく」もありました。亀戸だけではなく下町は煤煙に覆われた公害の街でした。公害は「東京に青空を」訴えて一九六七年に当選した美濃部都知事の時代まで続くのです。

平沢計七の純労働者組合は、労働者の争議だけではなく、労働者文化を追求していたのです。さらに大島に理想的な労働者の街をつくろうとしました。

大島に労働者コンミューン

一九二〇年一〇月の純労結成後間もなく日本ではじめての本格的な消費組合（生協）共働社がつくられ、純労の大島労働会館に店を開きます。翌年の第一回総会では余剰金の処分案としてその四分の一を労働運動基金とすることが提起され、まもなく日本鋳鋼所の争議支援で実践されていきます。設立から半年までの決算書では、全購買高が六〇七七円で利益は六六三円、半分を配当金、七〇円を争議援助金やスト支援金に回されました。掛け売り制を取ったものの未払い組合員はゼロに近かったそうです。

翌二一年三月には、これまた日本ではじめての信用組合労働金庫を設立しています。現在の労働金庫は一九五〇年に岡山と兵庫から始まりましたから、その三〇年前です。関東大震災後に賀川豊彦が墨田に中ノ郷信用組合を設立するのは遅れること七年（二八年）です。五月の預金高は三六五五円、貸出高は一三〇一円。スト中の労働者から「借入請求」が殺到しました。

さらに、二一年六月には「資本主義からの分離、共同自治の理想社会」実現を志した「分離運動」のアピールが出されます。まさに「大島に労働者コンミューン」です。このロマンは戦後労働運動の高揚のなかの「東部ソビエト」構想に繋がっていきます。

2　関東大震災「亀戸事件」その日

八月三一日に始まった広瀬自転車争議

いよいよ関東大震災・亀戸事件の運命の日がきます。前日の八月三一日、広瀬自転車で従業員の半数にあたる一八〇人の解雇が言い渡されました。偶然ですが、広瀬自転車は亀戸事件の犠牲者の碑がある浄心寺（通称赤門寺、亀戸）の前にありました。

浄心寺にある亀戸事件の碑

月末の給料日に解雇手当半月分と自転車一台で解雇を言い渡したのです。工場自治会はすぐに解雇対策集会を開き、解雇通知の一括返上、交渉委員の選出、個人交渉は認めない、争議団の結団を決めました。交渉団は特高警察の介入を想定し第三次まで交渉委員を選出、なかには南葛労働会の会員が配置され、事件で殺される一九歳の北島吉蔵も含まれていました。当日は解雇通知書を一括返上。翌九月一日に以下の要求を提出しました。①解雇撤回、②自治会と協議し生産事業の継続、賃下げは一部承認、③退職者には相当の手当、④前三項の承認がないときは全員が南葛労働会に加入し交渉窓口とすること。

一日七時に工場に集まり会社に要求提出。工場主が病気のため、太平町の技師長宅で交渉が始まりました。そのときに、大地震が襲ったのです。交渉団は二階の技師長夫人を救出したそうです。工場では交渉を見守る争議団がいたのですが、いったんは赤門寺の墓地に避難した後、解散しました。それでも三〇人が交渉委員の報告まで残りました。すでに詰めていた亀戸署特高刑事は避難民の誘導をするどころか赤門寺に逃げ込み、地震が静まったころ、のこのこ出てきました。そこに北島が「今頃出て来るのは卑怯だ」と追及、刑事は「警官の立場を忘れ申し訳ありません」と謝罪し、すごすごと帰って行ったそうです。

しかしその後三日に北島は広瀬自転車の近くにある南葛労働会本部（川合義虎の家、亀戸四丁目交差点そば）に集まっていたところをその刑事たち亀戸署の検束隊に検挙され、帰らぬ人になってしまいます。

刑務所にいて殺害を免れた渡辺政之輔

一九一九年には、後に共産党の委員長になる渡辺政之輔が新人セルロイド工組合を五月に結成。渡辺は一八九九年市川に生まれ、亀戸の永峰セルロイド工場に勤め、新人会に入会。セルロイド工組合を結成するとともに友愛会で急進派として活躍し、平沢計七を弾劾、平沢計七は友愛会を脱会し二〇年一〇月に純労働者組合を結成します。渡辺は共産党に入党し、二二年一〇月に南葛労働会を結成、「南葛魂」のもと野田醤油争議支援でも活躍、二三年の共産党第二回大会で労働部担当の執行委員になりました。六月の第一次共産党事件で検挙され禁固一〇か月の刑により市ヶ谷の刑務所（現防衛省）に入り、九月一日を獄中で迎えました。歴史で「もし」は禁句ですが、もし渡辺が亀戸で活動を続けていたならば、彼も二四歳の誕生日の直前、亀戸事件の犠牲者になっていたに違いありません。

朝鮮人、中国人も多数殺された

だいぶ前になりますが、江戸川でも「関東大震災のとき子供だったが、大人たちの自警団を見た」という人がいました。

「朝鮮人が井戸に毒を投げ込んだ」「火をつけている」などのデマが震災で混乱するなか、関東地方に飛び交いました。九月二日には戒厳令が布告され、治安維持を名目に軍隊が前面にでてきます。そこでは「不逞《ふてい》団体蜂起」を口実に朝鮮人や社会主義者を抑え込むことが目標とされ、自警団も組織されました。下町でも各所で朝鮮人や中国人が無残にも殺されました。小名木川には血だらけの死体が浮き、荒川には殺された朝鮮人が多数捨てられました。そのなかに亀戸署で警察と近衛師団によって殺された若き活動家たちの遺体があったのです。

亀戸事件の犠牲者たち

亀戸事件で虐殺された一〇人の平均年齢はわずか二三歳でした。今では考えられないほど若い人たちです。川合義虎と平沢計七についてはすでに書きました。

八月三一日に始まった広瀬自転車の争議のために、川合義虎は山岸実司と友愛会の本部にいき、その後労働組合の戦闘的な活動家の機関誌「労働組合」の発送作業にあたっていました。

山岸実司は川合の生地に近い長野県の寒村で生まれ、幼いときに一家で上京。極貧のために小学校二年までしか通学できませんでした。一二歳のときに深川の紙屑屋の小僧、一五歳からは鉄工場の旋盤工見習いになります。不良の仲間にも入っていました。二二年春に吾嬬町の帝国輪業に勤務したときに、同郷の川合と知り合いになったのです。そこで、自分が持っていた無意識的な不平不満、燃える反逆心がなんであるかを知り、川合の家に同居することになりました。

その日はちょうど「労働組合」第四号が出来上がり、その発送作業をしているときに関東大震災がおこったのです。二人はただちに事務所を飛び出し、亀戸の南葛労働会本部に急ぎました。おそらく徒歩では麻布区新堀（現南麻布二丁目）から二時間はかかるはずです。なぜか二人ははぐれてしまいます。

途中、川合は母子四人が倒壊家屋の下敷きになって悲鳴をあげているところに出くわします。我を忘れて川合は危険に飛び込みました。全員を助けることはできなかったのですが、五歳、三歳ぐらいと乳幼児三人を救いだし、上野公園に落ちのびました。ビスケットや粉ミルクを買って、その夜を上野公園で子供たちと過ごしたのです。

「義はどうしたのだろう。もう山岸さんは帰って居るのに。生きていれば何程遅れても、もう帰らなければならない。義は死んでしまったのではないでせうか」（川合義虎の母）

勤務先の大正板鍍金の夜勤から帰って二階で寝ていた加藤高寿と妻は倒壊した家屋の下敷きになったが何とか助かって、家の前の空き地に避難。そこで、川合義虎の母、近藤広造、山岸実司などと野宿をし、火事が近くまで来る様子で、一睡もできませんでした。

近藤広造は二二年に群馬県から上京、南葛飾郡小松川（現江戸川区）の野沢電気製作所に就職、同年の暮れに工場長と口論になって解雇。同じ工場で働いていた渡辺政之輔、川合義虎の支援で解雇を撤回させました。南葛労働会としての解雇撤回なのかは不明ですが、近藤は労働運動、社会主義運動に関心を抱き、南葛労働会に加入、小松川支部長になりました。まだ一九歳のときです。大震災の日は勤務先藤崎石鹸工場での夜勤明けでした。

話はそれますが、私が永年住み、働き、活動してきた江戸川区の労働運動の「原点」がどこにあったのか。関心がありましたが、これまで研究書も資料も見たことがありません。でも見つけました！この原稿の参考にしている加藤文三著『亀戸事件—隠された権力犯罪』（大月書店、一九九一年）の近藤広造のページに、一九二二年に南葛飾郡（現江戸川区）小松川にあった野沢電気製作所で南葛労働会理事長渡辺政之輔や川合義虎が働いていたこと、近藤が南葛労働会小松川支部長であったことが書かれていたのです。

吉村光治は石川県出身。南葛労働会の発起人の一人で吾嬬支部長をしていました。勤めていた長兄が経営する南エボナイト工場が震災の二月ほど前に閉鎖され、九月一日は丸の内の鉄筋コンクリート工事現場で働いていました。午前一一時ごろに吾嬬町の自宅に帰宅。半身不随の父母を弟の巌や佐藤欣治とともに近くの広場に移します。長兄の南喜一は救援活動から南葛労働会（後に東京合同労組）や共産党の活動に参加しますが、転向し一九四〇年に日本再生製紙を設立、後に国策パルプやヤクルトの会長となります。弟の巌は終生労働運動に身を投じます。

佐藤欣治は岩手県出身。南エボナイト工場に勤務し吉村光治と親しくなって、二二年に南葛労働会に加入、翌年吾嬬支部委員になります。

震災当時は大日本自転車の労働者で、当日は病気療養で休んでいましたが、地震の発生とともに、吉村の両親の救援活動に参加しました。二日午後には吉村と共に災害防止調査会に参加して、町内の有志と柳島の市電（車庫）終点で避難者に水を与えたり、道案内をしたり、火傷した避難者を舟で避難させます。南喜一や巌は吾嬬町で自衛会を組織しています。「こうして革命的な闘争を誇る南葛労働会の会員も、震災という異常な状況のなかで、自衛団に駆り出されたのであった。」（加藤文三著『亀戸事件』大月書店、一九九一年）

中筋宇八は三日に大島自警団から朝鮮人と間違えられ亀戸遊園地の詰所に連れて行かれました。調べると平素から過激思想を持っている職工と判断され、亀戸警察署に引き渡されます（読売新聞一〇月一一日）。別の新聞では中筋宇八は亀戸香取神社で捕えられたとあり、実際はよくわかっていません。

足尾鉱山や常磐炭鉱で働いていた鈴木直一は八月末から渡辺政之輔の家に泊まっていて、一日には常磐炭鉱で知りあった加藤勘十（一九一九年八幡製鉄所争議指導、鉱夫総連合を結成、総同盟主事、戦後社会党議員）の家を訪ねました。不在のため川合義虎の家に行って布団や米を背負って安全な場所を求めて避難していたのです。

純労働者組合の平沢計七も犠牲に

純労働者組合の平沢計七は地震で出先から大島三丁目の自宅への帰途、近所で親しくしていた正岡組合員の家が全壊していたので、家財の持ち出しを手伝います。夜には自警団として見回りを行い、一日の夜は城東電車の電車道に畳を敷き、布団を持ち出して野宿をしました。運命の三日は正岡宅の手伝い、夕食後に夜警へ出て、ひと休みをしているところを亀戸警察に捕まります。

純労働者組合の幹部であった戸沢仁三郎は日立亀戸工場で鋳物工として働いていました。地震後に工場を出て亀戸五ノ橋際の自宅へ急ぎ、外出せずに閉じこもりました。

偶然ですが九月一日には東京で全国警察署長会議が開催されていました。対策会議も開かれ各地に自警団の結成を通達します。「朝鮮人が暴動を起こし、社会主義者が扇動」「朝鮮人が井戸に毒物を投入」などのデマも飛ばされていきます。そして二日には戒厳令が布告されました。

三日夜には、被災した家族、友人、組合員を救援するとともに、自警団にも加わっていた南葛労働会や純労働者組合の活動家たち一〇人が南葛労働会本部などで逮捕され、四日にかけての夜に亀戸署で殺害されました。亀戸署にいて危うく難を逃れた全虎岩（日本名、立花春吉）は、三〇〇人ほどの朝鮮人、五、六〇人ほどの中国人が捕まっており、翌朝には日本人七、八人と朝鮮人一六人が殺されたと、立ち番巡査から聞きました。

本所被服廠跡で亡くなった活動家

大震災で東京の工場の九〇%が被災、三七八〇人の職工が亡くなり、失業者は八万四〇〇〇人に達しました。無念にも殺された亀戸事件の犠牲者。運よく生き延びた純労働者組合の戸沢仁三郎や獄中にいて助かった渡辺政之輔たち。他方、残念にも震災の犠牲者になったリーダーもいました。日本交通労働組合本所支部長の島上勝次郎です。

島上は一八八一年生まれ、東京市電本所車庫の車掌として、一九一九年に日本交通労働組合を結成。その後、支部結成を待遇改善とともに車庫ごとにすすめました。しかし、当局は支部の中心メンバー一〇人を解雇。専従となった島上たちは一九二〇年二月に五日間に及ぶ市電ストを指導。残念ながらストライキは敗北し、組織は解体して、振り出しに戻りました。

翌二一年秋には再度本所出張所の青年たちと相扶会を結成します。この組織は二四年には東京市電従業員自治会の核となっていきます。島上勝次郎は九月一日に避難先の本所被服廠（軍服工場）跡で炎に包まれて亡くなりました。被服廠跡は現在両国の横網町公園となり大震災犠牲者の慰霊堂があります。

3万8000人が亡くなった本所被服廠跡

被服廠跡は当時広場になっていて大震災の被災者が続々と集まり、たんすなど家財道具を持ち込む人でごった返していました。そこに地震による火災の火がまわり、火災旋風が発生して、荷物や馬までも巻き込まれるという大火災となりました。島上はそうした地獄図の中で亡くなっていったのです。

島上勝次郎の長女くにさんと二四年に結婚して島上姓を名乗ったのが島上善五郎です。

善五郎は本所車庫の車掌で勝次郎の後輩でした。勝次郎がつくった相扶会のメンバーとなり、二四年の市電従業員自治会結成に参加、本所支部長兼本部執行委員となります。島上善五郎はその後も市電労働運動はじめ、労農党、無産党、戦後は東京交通労働組合の再建、そして総評初代事務局長、社会党衆議院議員となって活躍します。

偶然ですが、私は江戸川区労協のオルグになったばかりの一九六九年一二月に島上さんの衆議院選挙をたたかいました。当時の旭喜久男区労協事務局長（江戸川区職労書記長）と選挙ポスターを貼る杭打ちをした記憶があります。残念ながらその選挙で島上さんは落選し、政界から引退していきます。

島上さんは歴戦の闘志には見えない好々爺でした。区労協学習会で島上さんの話を聞く機会がありました。

「戦前は天皇が皇居からお出ましとなると、二、三日前に必ず刑事が私の所にやって来たものです。私を留置場へぶち込みました。天皇が戻ると釈放されましたが……」。

予防拘束ですね。今は警察にぶち込むことはないようです。それでも、事前に公安刑事が来たり、問題を起こしそうな活動家を遠くへ出張させる会社もあるようです。島上さんの話はまだありますが後にまわしましょう。

3　労働組合（総同盟）の救援活動

関東大震災に対して労働組合はどのような活動をしたのでしょうか？　救援活動については総同盟鈴木文治会長が自叙伝『労働運動二十年』（一元社、一九三一年の復刻版）で述べています。

鈴木会長自身は上大崎（目黒駅付近）の自宅で被災します。「瞬間にして壁は崩れ、瓦は落ち、皿、茶碗、小鉢の棚より落ちる音すさまじく、身内の血も一時に凍りつくかとばかりの恐怖に襲われたのである。」

二日目の朝、火災が各所に起こります。彼は心配になって自宅から約四キロの三田（港区）芝園橋にある総同盟の事務所（現在は友愛会館）に行きます。途中総同盟幹事の松岡駒吉宅を見舞っています。さいわい総同盟の本部は難を逃れました。

総同盟は震災後三日目に善後策を検討するために緊急協議会を設け、罹災会員の調査と救援に努力することを決議。一一日に鈴木会長は後藤新平内務大臣（後に東京市長）と会見して失業者救済を要望し、芝浦埋立地の荷揚げ事業に東京市の雇い入れとして一日三〇〇人を雇い入れることになりました。

鈴木会長自身も五日間毎朝五時に家を出て六時半本部前集合、七時から芝浦に出かけて臨時労働者とともに懸命に働きます。米を担ぎ、テントを担ぎました。四斗俵（六〇キロ）の米の荷揚げを二人がかりで持ち上げる作業はつらかったそうです。「大将怠けて手は残兵空しからず」歯を食いしばって頑張りました。朝と昼、直径五寸（一五センチ）もある白米の握り飯が配られ、午後五時の作業終了後には一人二円二〇銭の手当てが支給されました。

失業者の救済として焼け跡の片づけ仕事もやりました。東京全市の焼け跡片づけ計画もたて後藤内相に献策をします。しかしあまりうまくことは進まなかったようです。

全国から支援

総同盟内部では関東醸造労働組合藤岡支部からうどん九箱、野田支部が救援金七五〇円をはじめ、多くの金品が送られてきます。関西では関東からの総同盟本部や組合の紹介状を持参した組合員には救済として一日五〇銭の食費を支給しました。一〇月には総同盟以外の造機船工労組、自由労働者、南葛労働会、理髪技友会、関東機械工組合、出版従業員組合、時計工組合など一八団体代表六五人が集まり、関東労働組合連絡協議会を結成し、罹災者の救済、就職あっせんに努力することになります。しかし具体化しないまま、総同盟は独自に失業救済に関する建議書を一一月八日に政府へ提出します。総同盟は建議の中で、焼け跡処分事業には爆破作業は鉱夫、器具修理には木工、機械工、電気工、残骸物の運搬には焼失市電の車両の利用、軌道を利用した運搬などをあげ自薦しています。労賃は公定とし日給で三分の一は現金、三分の一は食糧券、三分の一は被服券を求めています。

鈴木会長は、「大震災が労働運動に与えた第一の教訓は、労働組合は理屈ばかり言っていてはダメだということ。共済機関もなければならない。亀戸事件で南葛労働組合並びに純労働者組合の幹部は一溜もなく軍憲の手で××されている。もし、これらの諸君がもっと社会的に有力な地位勢力を植え付けていたなら、よもやかかる悲惨な運命に陥らずにすんだであろう。口よりも手、議論よりも実行、理想よりも現実と、労働者の心持も地味に落ち着いてくるようになったのもまた当然の道行きだった」と総括をしています。

関西からの関東大震災救援

関西からは総同盟大阪連合会の西尾末廣（一八九一〜一九八一年、後に社会党書記長、民社党委員長）が、九月五、六日には中央線経由で東京に駆けつけています。大阪に帰ると、義捐金運動を起こし三〇〇〇円を集めるとともに、古衣類を集めて送りました。総同盟関西労働同盟会では、大阪、神戸、京都の各連合会が出資し、本部または罹災地組合の紹介状を持参した組合員には、一人一日五〇銭を支給することを決めています。

「九月二〇日になって、大杉栄が婦人伊藤野枝、甥橘宗一とともに憲兵に殺されたという、いわゆる甘粕事件が発表され、一〇月に入ると、南葛労働組合の川合義虎、純労働者組合の平沢計七ら九人の労働運動者が警察に刺殺されたという亀戸事件が発表された。大杉一派（注：アナーキスト）とは激しい反目の間柄であり、またこの両組合は総同盟とは直接関係はないけれども、この官憲の暴虐には憤激せずにいられなかった。」（西尾末廣『大衆とともに—私の半生の記録』世界社、一九七一年）

関西の総同盟は向上会や官業労働関西同盟会と協力して、一一月二〇日に大阪の中之島公会堂で亀戸事件労働者大会並びに官憲暴行応戦大演説会を開きました。会場には代議員四〇〇人、傍聴者五〇〇〇人がつめかけ、大いに気勢があがり、「責任者の厳罰」などを決議します。大演説会では十数人が演壇に立ちましたが、警官が「中止！」を連発したそうです。

神戸から船で駆けつけた賀川豊彦

賀川豊彦（一八八八～一九六〇年）はキリスト教を学び神戸のスラム地区で伝道活動をしていました（詳しくは賀川豊彦『死線をこえて』現代教養文庫、一九八三年）。さらに、一九二一年の神戸、川崎、三菱造船所の争議を指導し、逮捕もされます。しかし、争議は敗北し、彼の「無抵抗主義」、普通選挙をめざす路線は受け入れられず、労働運動からだんだんと遠ざかっていきました。そこに、関東大震災の報が飛び込んできます。

賀川豊彦

九月二日の朝刊を見て驚いた賀川は、なんとその日の夕方に神戸から最初の救援船「山城丸」に便乗して東京に向かいました。三日の夜に船は横浜港に入港、四日朝未明に上陸。丸裸のようになった瓦礫の砂漠を徒歩で東京に向かいます。蒲田から品川間は汽車で徐行。上野の高台から浅草、本所、深川を見ると、焦土の平原になっていました。

彼はいったん神戸に戻り、東京と行き来を続け、一〇月一八日本所松倉町（現東駒形四丁目、東駒形教会）に落ち着き、バラックを建て、下町の救援活動に乗り出しました。アメリカの赤十字からもらった三つの大テントを横川小学校に張ります。「私の第一にしたい仕事はセツルメントである。この冬を通じて罹災者の困苦を自ら体験し、バラックの苦悩を自らも一緒に味わい、それを科学的に調査して、世間に訴えることである。つまり、私は『眼』になりたい。」

「組織する仕事が私たちの仕事である。窮している人々の現状に触れて何からお助けしてよいかを見ると共に、お金を出さなくても、困窮している人々を自力で、それを突破し得る抱負を考えて差し上げるのである。それが真に親切なセツルメント・ワークである」（隅谷三喜男『賀川豊彦』岩波書店、一九九五年）

こうした賀川の意思は伝道のときも、労働運動を進めているときも、震災の救援のときも変わることなく、同じでした。しかし、下町に救援に来た賀川は労働組合ではなく、松倉町にテント張りのキリスト教会をつくり本所基督教産業青年会を設立します。

そこでの活動は、はじめは路傍伝道と応急的な救済事業でした。その後、宗教部、社会事業部、組合事業部、法律相談部、人事相談部、嘱望相談部と増え、セツルメントの形が整っていきます。

島上善五郎の大震災

偶然、『昭和史の証言―島上善五郎のたどった軌跡』（図書新聞、二〇一三年）という再出版された本を見つけました。そこには、島上が秋田の寒村で一九〇三年に生まれ（佐々木姓）、一七歳のときに上京し東京市電の補助車掌になり、東京市電のストライキの指導者、投獄、戦後の東交再建、総評初代事務局長、社会党衆議院議員として歩んだ一生が語られています。

島上善五郎は職場の先輩で市電労働運動の師匠でもあった島上勝次郎（震災で亡くなった）の長女と震災後に結婚し、島上姓となります。

関東大震災当時、私（島上善五郎）は一九歳。災害のもっとも激しかった本所亀沢町に職場を持ち、その近くで一望焼け野原と化した深川森下町に住んでいました。職場の友人と二人で民家の二階の六畳間を借りていました。その日は午後の出勤で、朝寝坊をし朝食を取らずにいたところ、ドカンと強い上下動、続いて左右にゆらゆら揺れ動き、「地震だ！　地震だ！」素早く電車車掌の制服を着て、家主の三歳の子と一緒に清澄公園に逃げ込みます。しかしそこは満員。さらに永代橋際まで逃げます。夜が更けるころ木橋に火がつきはじめ、川に飛び込む決心をしたところ、流れてきた伝馬船に乗り移ってかろうじて命拾いをしました。

ひどい疲労と空腹に襲われ、無言のまま重い足を引きずりながらトボトボと歩いて三時間、亀沢町の車庫にたどり着きます。だが、車庫は焼けただれ、電車の残骸だけが並んでいるだけ、目の前がぐらぐらと暗闇になりました。ガードの向こうの被服廠跡は見渡す限り、折り重なった死体の山、死臭がたちこめ呼吸も苦しいほどでした。

一角が焼け残った亀戸の友人石毛留吉宅を訪ねます。そこには先輩の島上勝次郎の妻と長女邦が避難していました。

明けて九月三日、どこからともなく社会主義者と朝鮮人が「山の手」で（山の手では神奈川、多摩川方面といわれた）暴動を起こしているとの流言が流れてきます。そこへ亀戸署の特高刑事がやってきて石毛留吉を連行しました。三日三晩留められ顔の層が変わるほど殴られ、「絶対に他言してはならぬぞ」と脅されて帰されてきます。しかし石毛は川合義虎や平沢計七たちが亀戸署内で夕闇をつんざく悲鳴を残して殺された亀戸事件の片鱗を悲憤の涙で語りました。

労技会（向島にあった日本車両の労働組合）の幹部は赤い表紙の社会主義の本を懐中に入れていたばかりに自警団に追い回され白髭橋で刺殺されました。

戒厳令を布いて治安の実権を確保した軍（あるいは軍の一部）に、この機会をとらえて社会主義者や朝鮮人を徹底的に弾圧しようとの計画があったのではないか。

避難先に近い十間川には、自警団に殺された朝鮮人の死体がブクブクと浮かんでいました。日本人が朝鮮人と間違われて殺された例もあります。震災数日後、「朝鮮人だ」との声があがり駆けつけてみると、なんと秋田から一緒に上京して市電に就職した佐々木君が自警団に囲まれていました。秋田なまりでモタモタしていたため間違われたのです。危機一髪！　中に入って、市電車掌の免許証を見せてやっと助け出しました。

着のみ着のままで貯金もない島上は友人とともに郷里の秋田に帰りました。約一か月余で職場に戻り、車庫の片づけ、他から回された電車を動かし始めます。明けて一九二四年組合づくりの火は再び燃え始めました。市電復興をテーマに八日間連続の職場集会を開くことに成功するのです。

4　朝鮮人・中国人虐殺

下町の大洪水と荒川放水路の建設

隅田川（上流は荒川）と江戸川に挟まれた下町は縄文時代には海でした。埼玉県の内部に広がっている貝塚の分布からそのことはいえます。その後、徐々に陸化し現在の下町の地形がつくられていきます。利根川も昔は現在の江戸川、中川から江戸湾に注ぎ込み、たびたび洪水を引き起こし、江戸幕府は利根川の流れを現在のように付け替えました。秩父山地に水源をもつ荒川（隅田川）も文字通りの「荒川」で、たびたび江戸の町を大洪水となって襲いました。人口が増加し街が形成されていった明治になっても洪水はたえません。なかでも明治四〇年、四三年と大洪水が続き、隅田川と江戸川の間に荒川放水路をつくって洪水を防ぐことになったのです。

一九一一（明治四四）年から開削工事が始まりました。放水路工事の労働者は葛飾や江戸川、さらに行徳などから農家の二男、三男が農閑期によくきたそうです。一日の賃金は五〇銭でしたが、現金収入が乏しい農家にとってはありがたい収入でした。

一九一〇年に日本の植民地となった朝鮮（韓国）からも放水路工事に労働者が来ました。小松川から葛西橋の間の工事にかなりいたそうです。

京成の四ツ木や荒川駅（現・八広駅）周辺の土手建設や京成線の高架工事にも四〇～五〇人ほどが働いていました。彼らの賃金は日本人の半分から三分の一程度でした。

荒川放水路の川原で焼き殺された

一九二三年九月一日の関東大震災では、建設中の放水路土手があちこちで大きな亀裂を生じ、完成したばかりの堀切橋も壊れました。しかし、江北橋、西新井橋、四ツ木橋、小松川橋は残り、都心から火の海の中を逃げ出す人々が避難していきました。

「朝鮮人が井戸に毒を入れた」「暴動を起こしている」などのデマが広がります。各地に自警団がつくられ、朝鮮人が捕まえられ、殺されていきました。建設途中の荒川放水路の河川敷は「虐殺」の修羅場にもなります。旧四ツ木橋の近くでは、習志野から騎兵隊が来て、連れてきた朝鮮人を川の方に向けて並ばせ、機関銃で撃ち殺しました。穴を掘りガソリンをかけ焼き埋めました。もちろんその中には放水路工事で働いていた朝鮮人労働者もいました。日本語がよくわからない朝鮮人労働者が日本語のわかる朝鮮人に「さっぱりわからんから通訳をしてくれ」と言ったとたんに自警団から一刀両断、無念にも殺されていきました。

同時に進行したのが亀戸署での南葛労働会、純労働者組合活動家一〇人の虐殺「亀戸事件」です。朝鮮人の犠牲者の正確な数は不明ですが、六〇〇〇人以上とみられています。当時東京、横浜には約三万人の朝鮮人が住んでいました。二割が犠牲になったのです。放水路工事に従事していた朝鮮人労働者の数は正確にはわかりません。しかし、当時発展しつつあった下町の工場には多くの朝鮮人が働きに来ていたことは想像がつきます。

韓国・朝鮮人殉難者追悼之碑

朝鮮人だけでありません。中国人も約四〇〇人が殺されました。旧南葛飾郡大島町（現江東区）で中国人労働者の生活改善運動に取り組み一九二二年に僑日共済会を設立した王希天（ＹＭＣＡ幹事、学生）が行方不明になります。後（一九七五年）に兵士の日記が発見され軍隊によって殺されたことが明らかになりました。

『荒川放水路物語』（新草出版、一九九二年）を執筆した絹田幸恵さんは「関東大震災時に殺された朝鮮人の遺骨を発掘し慰霊する会」をつくって、八二年から毎年九月に旧四ツ木橋下手の河川敷で朝鮮人受難者の追悼式を行い、二〇〇九年には追悼碑を完成させています。

大島町中国人虐殺事件——明治から始まる清国労働者の入国

朝鮮、韓国からの日本への労働者の流入は一九一〇年の日韓併合以降急増し、一九二〇年三万人、三〇年には三〇万人となります。

一九世紀後半、清の時代末期、中国から東南アジアや北米への出稼ぎが急増し、日本にも移住が始まります。清国労働者の入国数は分かりませんが、大きな問題になってきました。

アメリカでは大陸横断鉄道建設やゴールドラッシュ時に急増した中国人の排斥運動が社会問題になり、一八八二（明治一五）年には「排華移民法」が成立しています。

日本でも一八九七（明治三〇）年、最初の近代的労働組合である労働組合期成会鉄工組合結成の中心を担い、アメリカ労働総同盟（ＡＦＬ）派遣オルガナイザーでもあった高野房太郎は「清国労働者排斥」の演説を九九年に神戸で行っています。「清国労働者非雑居期成同盟」の会員は三万人にも及んだそうです。未熟練労働者の入国は禁止されていました。残念ながらこうした外国人労働者排斥の流れは関東大震災時に朝鮮人、中国人虐殺となって現れます。

大島町（現江東区大島三丁目付近）では約三〇〇人の中国人労働者が虐殺されました。彼らは日本人手配師のもと、酒、バクチ、けんか、病気の巣である、安かろう悪かろうの木賃宿に住み、約六〇〇人が京浜地区に居住していました。日本政府は自国の失業問題に力を入れると称して中国人労働者に厳しくあたって摘発を繰り返し、一九二二年には国外退去命令も出されています。

王希天はこうした大島に「僑日共済会」設立する活動を始めます。そして一九二二年一二月、大島町三－二七八番地に設立。規約にある「目的」には「会員の道徳を高め、智議を啓発し、連帯を密にし、もって会員相互の助け合いを促進する」とあり、衛生状況の改善、失業者や病災にあった者の扶助、日本語取得、職業教育、職業あっせん、契約や交渉の代行を事業としています。

会の財政は、事業に成功している同胞や留学生、日本人などから寄付を仰ぎ、会員からも会費月額三〇銭を集めました。徐々に大島地区の中国人労働者の労働環境が改善され、会員は約五〇〇〇人へと成長したそうです。

しかし、日本人の人夫手配師と亀戸署の特高からにらまれます。

王希天は同胞の安否確認のため下町に駆けつけ亀戸署に行きます。「支那人は軍隊が保護している」と言われ、大島にある憲兵隊の臨時派出所へ向かいました。しかしそこで検束されます。その後亀戸の「支那人受領所」で護送事務を手伝わされますが、そのまま「行方不明」になりました。

中国人虐殺と王希天問題は外交問題になっていきます。中華民国から調査団が送られ、そこで行方不明になった王希天の問題も取り上げられましたが、日本政府は隠ぺいを決め「行方不明」と言い続け、わずかな解決金での解決をはかりました。しかし、一九七五年に兵士の日記が発見され軍隊によって殺されたことが明らかになるのです。

Ⅳ 大正時代——震災後の労働運動

1　東大セツルメントの建設

東大生の関東大震災被災者支援活動

関東大震災の報を八丈島沖で無線受信し、翌二日に芝浦に着いた東京帝国大学の学生三八人がいました。夏休みに当時日本の委任統治領であった南洋に視察に行った学生です。そのまま東大へ戻ると、すでに二〇〇〇人を超える人々が構内へ避難していました。その後も救援活動を続け、大きな成果を上げ、一〇月一〇日に解散式を迎えます。

帝大セツルメントハウス

しかし、被災地の再建はそれからでした。下町現地で救援活動を始めていた賀川豊彦からの要請もあり、救援活動に参加してきた末弘厳太郎教授や学生たちはさらに現地に入っての活動＝セツルメント(注)建設に着手しました。

一九二三年一二月に第一回総会を開催、六事業(成人教育部、調査部、児童部、医療部、法律相談部、市民図書館)を設け、教育部は労働学校の開設、調査部は地域の戸口調査、医療部は診療所開設を決めました。当初は猿江裏町（現江東区）が予定されていましたが、労働者が多い街をということで柳島元町（現墨田区、後に横川橋に町名変更）が選ばれ、翌二四年六月にセツルメントハウスが完成します。近くにはすでに東大ＹＭＣＡ出身者による賛育会産院が設立されていました。セツルメントには九人がレジデントとして定住し、通いの学生を含め二〇人以上が参加、末弘教授は労働法制、穂積教授は法律相談を担当しています。

注：資本主義が生み出す貧困に対して、宗教家や学生が都市の貧困地区に自ら居住して宿泊所、託児所、教育、医療活動などの社会事業を行う活動。一九世紀にイギリスで始まった。

活動家を生み出した労働学校

戸口調査によると、大部分が農村部からの壮年労働者とその家族で、九二％がバラックに住み、一部屋のみが四七％、二室が二七％。電灯は一灯が三分の二、三四二の家族のうち窓がない家一〇〇、一つが一四六でした。

九月には労働学校が開校。「労働者階級それ自身のための教育」を本科とし九〇人以上の応募があり定員をオーバー、面接で六三人が入学しました。入学申込書（一九二九年）には、期間九月二〇日～一二月五日、月水金の午後七時～九時、授業料は月五〇銭、入学金なし、教科書不用とあり、課目には戦後労働法に尽力し中労委の会長となった末弘厳太郎教授が労働法制を担当、社会史、政治理論、組合論、労働運動史、農民問題、経済学が紹介されています。

労働学校の先生は東大の学生です。その多くは新人会(注)のメンバーでした。やがて共産主義運動の拠点とみられ、圧力がかけられていきます。

労働学校第一期卒業生には、故郷鳥取に帰り戦後社会党国会議員となった足鹿覚や東京合同労組の山花秀雄がいます。山花秀雄は労働学校卒業の翌年市ヶ谷刑務所に入獄、生涯に検挙・勾留を百数十回受けたそうです。一九二九年には新労農党の中央執行委員・青年部長に選ばれ、三一年には日本労働組合評議会を結成、中央執行委員。戦後は労働組合再建をすすめ、四六年七月総同盟関東化学労働組合を結成し委員長、五二年の総評結成にも参画しました。

注：大正デモクラシー運動から、新しい人間たることを宣言してつくった東大生の組織。

2　南葛労働会から東部合同労組へ

渡辺政之輔の場合

亀戸事件など震災で壊滅的打撃を受けた労働運動は震災後どうなったのでしょう?

川合義虎はじめ中心メンバーが虐殺された南葛労働会はちりぢりになりました。虐殺を逃れた渡政(渡辺政之輔)は市ヶ谷の刑務所です。丹野せつは藤沼栄四郎と二人きりになってしまい、「どうしていいかわからない」状態でした。

そこで彼女は渡政を市ヶ谷刑務所に訪ねます。「二人きりでもいいから、組合の看板だけは降ろさずに、守っていくように」と言われました。吾嬬町の東京モスリンで働き始め、活動を開始します。工場は二交代、夜中の一二時が交代時間でした。やがて相馬一郎が新潟から帰り南葛労働組合を再建します。

暮れには渡政が保釈で出獄、弟を亀戸事件でなくした南喜一も加わります。明けて一九二四（大正一三）年二月一七日に青山斎場で総同盟、朝鮮人も参加して亀戸事件合同追悼会を開きます。

南葛労働会から東部合同労組へ

二月二二日、南葛労働組合（一九人）を解散し、宮田自転車製作所など当時は今の自動車と同じ花形だった自転車製作労働者の組合江東自転車工組合（四〇数人）と合同して渡政が理事長になる東京東部合同労組を結成、総同盟加盟を決めます。東部合同労組の事務所は渡政の太平町の家に置かれました。

三月一五日、渡政は丹野せつと結婚。丹野の親は「社会主義者には絶対にやらない」と言って結婚を許さなかったそうです。渡政は二六歳、丹野は二三歳。結婚式は渡政の家に南葛の仲間が二〇人ほど集まり、おしるこで祝う結婚式でした。渡政は飲めば三升飲めたそうですが、お酒の失敗があって当時は飲まなかったそうです。翌日、新婚生活はどこへやら、渡政ははやくも足尾銅山スト支援に駆けつけます。丹野は吾嬬町から亀戸の渡政の家に移り、職場も日清紡績（現亀戸二丁目団地）に変わります。家は二階が東部合同労組事務所、下の六畳は渡辺の母、三畳が二人の部屋でした。

渡辺政之輔と丹野せつ

ドイツの救援基金で労働会館建設

東部合同労組には若い活動家が加入し、どんどん大きくなっていきます。四月の第一回大会には二〇〇人以上の代議員が出席しました。会場は出来たばかりの事務所の屋上です。ドイツ・ベルリンの国際労働者救援委員会からの震災救援基金で太平町には総同盟職業紹介所兼東部合同労組本部事務所、大島町に会議室と宿泊所の労働会館が建設されたのです。事務所は建坪一八坪、瀟洒な洋館で、二階は一二畳の応接兼会議室と六畳、三畳、台所、便所、階下は三坪の事務所、六畳、三畳、台所、便所がありました。

南葛労働会から東部合同労組へと引き継がれる青年たちの労働運動は、ロシア革命の成功を受け共産主義に大いに影響を受けました。渡政自身大震災の直前に共産党弾圧事件で逮捕され震災当日は獄中にいたのです。出獄後、渡政が中心になって「賃労働と資本」、唯物論や弁証法の学習会を進めていきます。渡政は東大新人会の影響も受けていました。

学習・行動・組織活動の「南葛魂」

彼はボルシェビキ派として左翼的な労働組合政策により総同盟の左翼化を図ろうとしました。そのためには、革命的理論を把握し、闘争によって鍛えられた労働者の養成が絶対に必要と考えました。「南葛魂」といわれる「学習・行動・組織活動」が渾然統一した独特な作風がつくられていったのです。渡政は、プランを立て、行動グループをつくり、東京モスリンや富士紡など宣伝活動の目標工場を決め集中しました。結果を総括し、学習の基礎にしていったのです。

ボル・アナ論争――労働戦線の分裂へ

すでに震災前から、労働戦線はボル・アナ論争が展開されていました。明治時代にはアナーキズム(無政府主義)が力を持ってストライキなど直接行動を展開。関東大震災のときに、官憲は亀戸に居を構え活動したアナーキストの中心人物、大杉栄を殺害したのです。

ボルはロシア共産党になるボルシェビキを支持する派で、一九一七年のロシア社会主義革命に影響され、一九二二年堺利彦が書記長となり日本共産党を結党します。ボル派は総同盟の中で活動をしていました。

下町では、一九二三年五月から七月にかけてアナーキスト系の機械労働組合連合会とボルシェビキ系の南葛労働会渡政が関わる争議がおこっています。

汽車製造会社東京支店争議

汽車会社は鉄道車両を製造し、本社が大阪で本所区錦糸町と深川区東平井町に工場がありました。両方の工場で男子九三八人、女子四一人が働いていました。世間的には不況でしたが汽車会社は隆盛でした。

そこには労働組合が二つあり、主流の革新会（七八〇人）はアナーキスト系機械労働組合連合会に所属、もう一つの誠睦会（一二六人）は穏健で会社と協調的でした。渡政が支持した組合は、アナーキスト系からは会社との協調派とみられていたとはおどろきです。しかし、アナーキスト系の直接行動はスト至上、暴力的で一揆に似ていました。この争議での「過激派」は共産主義を唱えるボルシェビキ派はではなく、アナーキスト系だったのです。

二三年二月に革新会は解散して誠睦会と統一し、関東車両工組合を創立してアナ系の機械労働組合連合会に加盟することをすすめていました。しかし合併を決める五月一九日の誠睦会の総会時に関東車両工組合が乱入。さらに「御用組合」誠睦会幹部を排斥すべきと二二日会社に申し入れたのです。

会社は職工相互間の問題として拒否します。

これに対し、車両工組合幹部は怠業（サボタージュ）をすべきと職場を退出。深川工場の労働者は車両工組合のやり方は問題があると怠業に不参加。二四日いったん車両工組合は職場復帰。しかし、二五日正午休憩時に排斥目標の幹部三人に暴行を加えようとしましたが、会社は三人を事務所に保護し、さらに関東車両工組合幹部一七人の解雇を告げます。これに対して車両工組合は大島労働会館を争議本部として、二八日から同盟罷業（ストライキ）に入ります。

自転車による組合員宅戸別訪問や行商などを展開しますが、会社は強硬姿勢を取り続けます。六月中旬より戦線を離脱し就業する組合員が徐々に増加していきました。

誠睦会は総同盟系の関東鉄工組合に加入し、二一日本所支部を設立。紛争は総同盟対機械労働組合連合会の様相を示してきます。

南葛労働会の渡政は、すでに一七日に誠睦会の幹部と関東車両工組合の有志から合同への尽力を依頼されていました。誠睦会の一三〇人はすでに南葛労働会に所属していたのです。同一工場に二つの労働組合は必要ないとの立場でしたが、車両工組合のストライキに対して誠睦会は会社に出勤し仕事を継続。渡政は六月に共産党弾圧で検挙されますが南葛会の指導は続きました。

結局、アナーキスト系の車両工組合は「刀折れ矢尽き」ました。二か月におよぶ争議は七月一一日に突如、争議打ち切り無条件就業の宣告が出され終わったのです。

この争議について関東鉄工組合本所支部（旧誠睦会）はビラで車両工組合の背後の機械労組連合会に責任があるとし、逆に、車両工組合と機械労働組合連合会は南葛労働会を罷工（ストライキ）の「裏切り者」を援助したと「休戦宣告」で批判しています。

3　震災後の労働運動

関東大震災後の労働者生活

錦糸町（現楽天地）にあった汽車会社も関東大震災で大きな被害を受け、やがて工場は旧城東区南部（東陽町）に建設される新工場へ移転します。（工場は一九七二年まで続き、蒸気機関車、電気機関車から新幹線までを製造。現在は都営団地になっている。）

震災にあった労働者は、一九四五年三月の東京大空襲や二〇一一年の東日本大震災・津波被災者と同様に家を失いました。もちろん仕事も失いました。東京都の人口は震災直前二四九万人が震災直後の一一月には一六二万七〇〇〇人に激減。しかし、一年後の一〇月には一九一万七〇〇〇人に回復しています。震災で大きな被害を受けた旧本所区人口は一九二〇年の二五万六二六九人が二五年には二〇万七〇七四人に減り、近郊部だった旧向島区は六万四四二六人が一二万五三〇人へと増加しました。

賀川豊彦は、震災後一九二四年六月に本所、深川、下谷、浅草区で住宅調査を行っています。四区で三万三〇〇〇戸が不良住宅であると推測。本所区松倉町では赤く錆びついたトタン屋根は一寸（三センチ）の柱に支えられ雨漏りがし、床は低く雨が降ると床上浸水。猿江裏町では、バラック長屋が復活したものの、その骨組みはお墓の卒塔婆の使い古しを使用、にもかかわらず六畳一間の家賃が七〜一三、一四円と高く、汚水で共同便所があふれ、家賃が貪られていました。日比谷にはバラック村ができました。こうした劣悪な環境の中で腸チフスが流行し、二四年一月から三月一一日までの七〇日間に患者数一七三九人、うち死亡が三九五人に上ります。患者の多くはバラック生活者でした。

新たな不況と失業対策

一九二五年七月、深川周辺の自由労働と称する木賃宿に居住する日雇い労働者五五〇〇人のうち、毎日仕事にあぶれるものが一二〇〇人（二二％）にも達しています。労働争議は従来の積極的賃上げ、労働時間短縮要求が影をひそめ、賃金引き下げや解雇に対し撤回を求める争議がほとんどとなり、前年一月から六月の争議五五件に対し、一九二五年は七〇余件と増えています。また、東京府にある四一九〇の工場法適用工場のなかで毎日二〇工場が休業あるいは閉鎖に追い込まれていきました。すでに、失業対策は第一次世界大戦後の不況から昭和の初期にかけて社会的課題になっています。

海軍軍縮による造船業の縮小、財政再建のための行政整理（公務員の削減失業）、熟練労働者の失業が増加していきます。失業者の統計は一九二五（大正一四）年の国勢調査ではじめて明らかにされます。日雇い労働者は職を求めて市役所や職業紹介所を占拠、解雇反対・復職要求の激しい労働争議の多発、失業を理由とする盗難・自殺が増加しました。こうしたなか一定規模以上の企業は法的に義務づけられていないが「解雇手当」を支払うようになります。さらに失業を生み出す資本主義社会に対する批判が高まり労働運動、社会主義運動が広まっていきます。

これに対して一九二五年には治安維持法が制定されます。職業紹介法自体はすでに一九二一年に制定され、無料の職業紹介所が市町村に設置されました。しかし、新たな求人をつくりだすものではないので、失業問題には無力だったのです。

現実主義への方向転換と左派

関東大震災直後の労働運動は転換期を迎えます。大杉栄が殺害されアナーキズム、サンディカリズムが後退していきます。他方、総同盟は主流の社会民主主義派と左派の共産主義派との分裂へ向かいました。

総同盟鈴木文治会長は「労働組合は大衆に基礎を置くべきだ。社会改造については公正なる意見を有する識者の与論の首肯すべきものでなければならない」と「方向転換」を訴えます。総同盟第一三年度大会の宣言草案には「従来の観念的運動は、明らかに誤り。現実的利益を擁護しつつ、終局の目的に向かって進むべきものである」とあります。左派は「方向転換というよりも、過去の闘争を打ち捨てて、支配階級の前に屈する」と憤慨。修正案がつくられます。修正案は「労働運動は少数者の運動から転じて、大衆的運動に向かうべき一段階に到達し、改良的政策にたいする従来の消極的態度は、積極的にこれを利用することに改めねばならぬ。」と妥協の産物となり、満場の拍手で方向転換宣言を可決しました。背景には亀戸事件から普通選挙実施、ＩＬＯへの代表派遣、労働組合法制定、治安維持法への動きなど関東大震災後の社会変化がありました。この間、労働者の生活は厳しさを増し、労働組合組織は着実に伸びていきました。

総同盟は二五年の大会で決定的な分裂に至ります。その前の二四年一〇月の関東労働同盟大会で左右対立が激化し、右派主流派は役員独占をねらいました。議長の横暴不公平を糾弾した渡辺政之輔（労働者出身でやがて共産党委員長になる）にひき入れられた左派四組合（東部合同、関東印刷、横浜合同、時計工組合）が退場します。同時に理事会は渡政たち六人の除名を決議。しかし本部の調整が入り、四組合は本部直属とし一二月に総同盟関東地方評議会（会長東部合同、藤沼栄四郎）を創設します。

東京合同労組の設立——本部は本所太平町

一九二五（大正一四）年三月一二日、渡政の東京東部合同労組に北部合同、南部合同平塚支部が加盟し、東京合同労組となります。さらに西部合同労組が加盟。組合員は東部合同五八〇人、北部合同二二〇人、西部合同が一〇〇人と一〇〇〇人近い組合員に拡大します。組合活動が自由な今日とさほど変わらない勢力に発展していきました。本部は東京東部合同労組の事務所。今の錦糸町オリナスの交差点に近い本所区太平町二ー二〇三でした。

東京合同労組は青年部の設置を決議するとともに、以下の八専門部を設けます。

①組織部　②争議部　③政治部　④調査部　⑤教育部　⑥出版部　⑦会計部　⑧婦人部

さらに、組織方針として渡政は「自主的工場委員会」運動を提起します。しかし分裂後に結成された評議会の大会で否決されてしまいます。労働組合が工場の外に支部が組織され工場には分会が組織されるのに対して、工場委員会は一工場における労働条件に労働者の注意を向けるものです。将来は工場の産業的管理を準備し、訓練することを目的としました。

労働組合運動の分裂は普通選挙をめぐっても意見が分かれ、共産主義勢力は治安維持法で徹底的に解体へ追い込まれます。しかし、労働者の運動は右派においても戦闘性を維持して展開され、昭和期へと入っていきます。労働組合法もなく、労働組合活動が不自由な大正期においても、関東大震災後も着実に組合員は増加していきました。

京成電車のストライキ——東京市電従業員自治会の結成

関東大震災から一年足らずの二四年五月一日、復興もようやく始まったころ、島上善五郎たち東京市電の労働者は「市電復興」を旗印に職場集会を八日間連続開き、当局を説得して「復興自治会」を結成。当局の電車課長を呼んで祝辞を受け、一万二〇〇〇人近い市電従業員自治会が誕生しました。

二五年には普通選挙法と治安維持法が公布されますが、下町労働運動は大きな盛り上がりを見せました。大島、亀戸、本所、向島などで二六年一月から五月までに一四件の賃上げ、工場閉鎖反対、解雇手当・退職金支給闘争が記録されています。

京成電車のストライキと支援労働者

一九二六年三月、千葉―本所押上間の京成電車の従業員は会社に嘆願書を提出しました。しかし、会社に回答を拒絶され、ふたたび二八日に同じ内容の要求書を提出、三一日は回答予定日でした。三〇日、要求貫徹へ示威運動をすることになり、午前一時から高砂（葛飾区）停留所前の争議団本部に結集、二百数十人が血判をして最後まで闘うことを誓い合いました。「親切デー」と称して始発電車からのストが始まったのです。会社は三一日自治会の要求案を拒否、翌一日は柴又帝釈天の庚申本祭りでしたが、自治会側は欠勤届を出してストに入りました。
さらに会社は「反省を促す」との手紙を発送、自治会側は受け取りを拒否！　会社は五日支部長以下一四八人の解雇を決定し、解雇通知を送りつけます。争議団は東京市電自治会に属し市電自治会本部に報告しました。市電、郊外電車から応援団が続々と高砂に駆けつけます。会社も多数の「壮士（ストつぶしの荒くれ）」をくりだし、一触即発。警察が警戒にあたりました。

八日市電自治会は京成の社長と会見し、四要求のうち一項目でも認められない場合には持久戦に入り、場合によっては市電、郊外電車の同情ストも決行することを伝えます。解雇通知書には不備があり、八日までは解雇しないとの言明がなされ、全員の解雇通知書を突っ返しました。

八日正午にいったんは物別れになった交渉でしたが、午後一時から再開し交渉を継続、三時には自治会代表と会社の和解が成立し、以下の協定書に双方が調印をしました。

協　定　書

一、待遇改善は三ヶ月以内に改善するという重役の声明を信頼すること
二、金一万円を会社側より支出すること
三、自治会の京成従業員に対し今後入会の勧誘を成さざること
四、京成自治会支部を即時に解散すること、同時に親和会をも解散すること
五、四月一日休業をなした行為につき会社に対して謝罪状を提出すること

自治会代表は高砂の争議団本部に戻り中央委員会に報告、中央委は協定案を認めます。しかし、争議団（支部）は組合権を破壊するとの意見が多く、中央委も支部の主張を認めるようになりました。会社側の御用団体である親和会も反対しました。

結局翌日、親和会二五〇人が社長の説得に応じて解散を決め、自治会側も争議団の解散と共に支部解散式を行い、自治会と親和会の手打ちが行われて解決に至ります。

ここから、東京市電自治会が上部団体の役割を果たしていたことがわかります。同時に会社は御用団体を使って外部（労働者の連帯）の影響を断ち切り、企業内へ抱え込み組織解散に成功します。「手打ち」という日本的和解も不思議ですね。

本格的労働協約へ――東京製綱・ユニオン・ショップ協定

一九二五（大正一四）年五月に日本労働組合評議会が総同盟から分岐して結成され、その後の日本労働運動は左右の激しい対立を含みながら、さらに発展していきます。

左派は亀戸事件以降下町東部では後退を余儀なくされますが、川崎の富士瓦斯紡績や東京文京区の共同印刷などで組織化と争議を組織しました。全国的にも労働運動は高揚し、組織化が進むとともに愛媛県の別子銅山、静岡県浜松日本楽器でのストライキが闘われました。

右派の運動からは団体交渉権の確立が出てきます。一九二四年、総同盟・東京鉄工組合は東京品川の岡部電機製作所との間に団体協約を結びました。東部では、総同盟の関東労働同盟が全国で五工場従業員二三〇〇人を有する大企業ではじめてといわれる労働協約を深川にも工場を持つ東京製綱との間で結んでいます。発端は川崎工場の解雇問題を円満に解決したことにありました。

この協約を結んだ関東労働同盟会長が後に総同盟の会長になり理論的にも「労働組合主義」を打ち出した松岡駒吉でした。

この協約の第一条にあげられているのは、今日日本の多くの労働組合が結んでいるユニオン・ショップ協定です。クローズド・ショップという見方もあります。

第二条で会社は企業内での労働組合と団体交渉権を認めました。労働者の権利としての労働組合と団体交渉を認めることになったのです。ストライキ権については触れられていません。戦後は憲法と労働組合法の下に団結、団体交渉とストライキが労働者の権利として認められ、これらの権利を会社が侵害することは労組法違反＝不当労働行為となります。労働組合法がない状況下で団結権、団体交渉権を認めさせたことは画期的です。

第三条で労働条件は「一般製鋼業の条件を充分に考慮する」とし、労資にとっての労働条件の改善基準を「世間並み」にしています。

第四条は「組合が不良組合員への責任を負う」という最近の協約には見られないユニークなものです。ここには松岡駒吉の「産業人としての労働者」という理想が示されています。組合による共同精神、資本からの独立、社会的責任、常識を有する者が労働者であり、その訓練の場が労働組合と考えていました。したがって、産業人にあらざる不良組合員に対して組合は責任を負うことになるのです。

第五条は会社が進める生産性向上に組合が協力し、その成果を労働者に分配するという生産性原理といえるでしょう。この点をめぐって戦後の労働運動は「合理化絶対反対」の左派と「生産性向上に協力・分配で対立」の右派が対立しました。さらにこの考えは企業組合への道を開くものでした。

松岡の「労働組合主義」は、労働組合は産業資本家による専制支配を打ち破り、労働者の生活を守り、向上させるもので、イギリスのウエッブにならって、労働条件の維持改善、生活の向上をはかる常設団体と考えました。国民生活の発展につながる産業の発達を目標とし、その手段として労働組合を位置づけ、その延長に「労資対等」を考えたのです

会社はこの労働協約を認めることにより組合の穏健化をはかろうとし、政府の組合体制内化をはかろうとする協調路線と同一歩調をとることになりました。

東京市電の女性車掌——廃止と復活

震災翌年一九二四年一月に関東大震災で壊滅状況に陥った市電を補う形で市営バスが誕生し、女性

車掌が採用されることになったことを四八頁で書きました。市バスから四か月後、市電にも女性車掌が導入されたのです。

女性車掌は一九二五（大正一五）年三月二一日に配属、四月から乗務しました。女性車掌が採用された理由は三つあります。第一は乗客の感情を和らげることでした。当時の乗客は言葉が乱暴で、ののしり合いながら乗っていたそうです。車掌が社内混雑に対し「中ほどまでお詰め下さい」と言っただけで「なんだい詰めろ詰めろなんて言いやがって、俺たちをなんだと思っていやがるんだ」と食ってかかり、車掌が注意すれば喧嘩になりました。

第二は従業員同士に潤いが生じるというもの。男性が多い職場に女性が入れば和やかになると当局は思ったのでしょう。しかし、市電自治会（労組）は女性採用には反対だったようです。

第三は財政節約のためです。当時の市電に補助車掌として賃金が安い女性車掌に担当させ人件費の節約をはかろうと当局は考えました。女性の採用は男性と一日一人約五〇銭違い、一年間には一八〇円、二五〇〇人の採用で三六万円が節約できるのです。その背景には男性の市電従業員賃金を一割引き上げ、原資が一二〇万円に及び、その捻出方法として低賃金の女性が採用されたのです。

当時車掌は約七〇〇〇人ですから、約三分の一を女性に変える計画でした。勤務時間は早朝から午後九時まで。募集は一五〇人、一七歳以上、小学校卒業程度の学力、既婚者も可、服装は市バス車掌と同じ、初任給は五〇円でした。この当時東京市社会局が調べた女性労働者賃金と比較すると、初任給五〇円は高い方でした。

この女性車掌制度はわずか二年三か月しか続かず、一九二七年六月に廃止になりました。その理由として低賃金の「少年車掌」の採用があげられています。

しかし、一九三四（昭和九）年三月女性車掌が復活します。同時に少年車掌が六月に廃止されました。このときも財政難が背景にありました。男性車掌（月給九五円）から女性車掌（三五円六〇銭）に替えることにより、年間百万円が浮いたのです。このとき、母性保護の観点から女性車掌採用反対の声が上がり、女性たちの間で意見が分かれました。

一九三五年に一七歳で採用された車掌インタビューによると、採用後三か月間は教習所、そこで市内全線の暗記、名所旧跡の勉強と実地を回る研修を経て、営業所に配属されます。男子車掌に習うので男子車掌はお師匠さんと呼ばれていたそうです。八組編成で七日勤務し、八日目が公休。勤務時間は早出が始発から午後二時ごろまでが二日、午前八時ごろから午後五時ごろまで一日、中休＝朝夕のラッシュ時に乗務して日中に二〜三時間休む二日、午後出〜終電ごろまでが二日です。初任給は日給で一円二〇銭か三〇銭、それに乗務手当、売上手当が付いたそうです。

最初は山の手の目黒線（目黒－東京駅）、後に下町の三ノ輪線（北千住－水天宮）で車掌として働き、労働者が多い三ノ輪線の方が混雑した車内でも親切に対応され、いたずらをする人もいなくてやりやすかったと語っています。労働者が彼女を守った理由は、「労働者達にとって彼女は同じ働く人間『俺たちの仲間』であり、その連帯意識から対等の人間意識が生まれ、男とか女とかの差別を越えて親しみと助け合う気持ちが自然に湧き出たと思われる」と『大正期の職業婦人』の著者村上信彦は述べています。

V 昭和時代——戦前

1　あいつぐ労働争議

野田醤油の大争議

昭和というと「戦争と平和」の時代です。あまりにも戦前と戦後の違いがありすぎるので、昭和と一括りにはいきません。第一に国のかたちを決める憲法が全く違います。労働運動も戦前と戦後では全く違います。したがって、昭和ではなく、戦前と戦後に分けて「下町労働運動史」の旅を続けます。

野田は千葉県北西部、江戸川の少し上流にあり、東京の下町ではありませんが隣の自治体です。野田市は二〇〇九年に公契約条例をはじめて制定した市として有名になりました。また、戦国時代から続く醤油のまちです。キッコーマンで有名になる野田醤油株式会社は地域の醸造会社が合併して一九一九年に設立されました。もともと年季奉公の出稼ぎ労働者が多かったのです。

合併して間もなく年季の切れ目（雇用契約の更新期）に、物価の高騰を理由として大幅賃上げを要求して、一月一五日から全工場の労働者がストに突入、二三日には解決しました。

一九二一年北海道室蘭製鋼所の争議を指導して解雇され小泉七造が野田に来ます。野田醤油争議を解決することになる松岡駒吉（後に総同盟会長）と一緒でした。小泉は作業中にけがをした労働者を介抱したことをきっかけに労働者を仲間にして、同年一二月には総同盟野田町支部を結成。二三年には関東醸造労働組合が結成され、約一五〇〇人の野田支部となります。

一九二三年一月（関東大震災の年）、「工場制度の改善」が実施され、宿舎の整備、年季制から日給制、一日八時間労働制、工員給与規定、親分による中間搾取の廃止など近代的労務管理が導入されます。しかし、その後も毎年のように賃上げ不履行や労組幹部解雇問題が発生しました。二四年にはストに発展しました。会社は組合対策を強めます。

一九二五年に新工場が完成。この間組合に押されてきた会社は組合対策として、組合に極力加入しないことを誓約させます。一九二六（昭和二）年に入り、会社はさらに組合への攻勢を強めます。まずは、醤油の運搬を一手に引き受け、労働組合がある会社とは別の会社を設立し、従業員には労働組合加入を認めません。組合は会社に対し、元に仕事を戻すこと、組合切り崩しではないかと要請しましたが、会社は「言いがかり」として、回答拒絶。

一九二七年九月一五日組合員二〇〇〇人が続々と集結、満場一致でストライキを決議します。その後、新工場での操業、竹やり事件を準備した組合員の解雇、組合の内紛、会社の切り崩し、松岡駒吉の会見申し入れ（会社拒否）、出勤催促、応じない一四九人への懲戒解雇通知、小学生五四六人の同盟休校、七三五人の大量解雇、右翼による争議団襲撃、会社役員への硫酸事件、会社によるファシスト映画の上映、亀甲万のボイコット、組合員による会社側人間への暴力事件が展開され、争議は年を越す状態となり、「争議団女房連」の内務省への争議解決促進要請に至ります。闘いは家族ぐるみとなりました。一九二八年二月、総同盟は松岡駒吉に全権委任します。

その後も三月に争議団副団長の天皇直訴事件が起こり、協調会が動き始め、最終的には「争議団の解散、復職三〇〇人、解決金の支払いなど」により、実に二一九日に及ぶ戦前最長のストライキは敗北のうちに二八年四月二〇日解決したのです。

「組合は大きな犠牲をはらって壊滅し、ふたたび起つことができなかった」のです。

この野田醬油争議には下町からも江戸川土手を赤旗かついで支援に行ったそうです。

東京市従業員組合

一九二六年一二月二五日、大正天皇が逝去、昭和天皇に代ります。このとき東京市従業員組合はストライキに入ったのです。

当時は都ではなく東京府東京市、そのもとに一五区があり、下町東部には深川区、本所区がありました。向島、亀戸や江戸川、葛飾などはまだ東京府南葛飾郡でした。

戦前は身分制が根強く、市の職員（ホワイトカラー）には労働者意識はほとんどなく、現場の土木、清掃、水道、交通などの労働者が組合を組織していきました。一九一〇年代にようやく都市計画が立案され、道路行政がすすみ、清掃では一九一八年に塵芥処理の東京市直営化が一五区で完了。同時に市の従業員は関東大震災の復興事業も含め増加し、一九二八年には一万六八〇〇人を超えました。

一九二四年には東京市道路従業員組合が発足、その後清掃労働者や下水道処理労働者など現業労働者が加わり二六年には東京市従業員組合となります。同じころ東京市電従業員自治会も結成されています。発足時の役員（主事）大道憲二（後に委員長）は弾正橋支部（深川）で道路工夫の仕事をしていました。他にも四人の代表委員を出しています。

組合には高齢者が多く、組合結成後、各支部で人員削減反対、歩増減額、職務傷害、組合圧迫などに取り組みました。当初本部は市に直接要求し闘争を組むことには慎重でした。ようやく一九二六年一月に一六項目の待遇改善嘆願書を提出します。（一部略）
一、賃金三割値上げ
二、退職手当制度の実施
三、職務上の傷害に対する補償
四、雨中作業廃止、防水服支給、箕笠廃止

五、時間外労働三割以上の歩増
六、完全な箱番設置、浴場の設置
七、臨時工夫・臨時人夫の差別待遇撤廃
八、臨時散水夫に解雇手当支給
九、作業服の改良
十、週休制の採用
一一、共済組合の設置と従業員管理
一二、市より低利資金の貸与
一三、年度更改期に解雇者を出さないこと

この要求は「働いても働いても飯が食えない」長年の思い、人間扱いをしてほしいという思いが噴出したものです。当時土木、清掃など屋外労働者は工場法からも排除されていました。

東京市従はストライキを避け、まず市との交渉と共に市民への宣伝ビラ一〇万枚をまきます。各支部は街頭で演説会を開き、深川四〇〇人、浅草七〇〇人などが参加。市議会議員への陳情も繰り返しました。

五月になってようやく市は回答。作業服、雨具改善、箱番改善、浴場設置は認められたが、賃金引

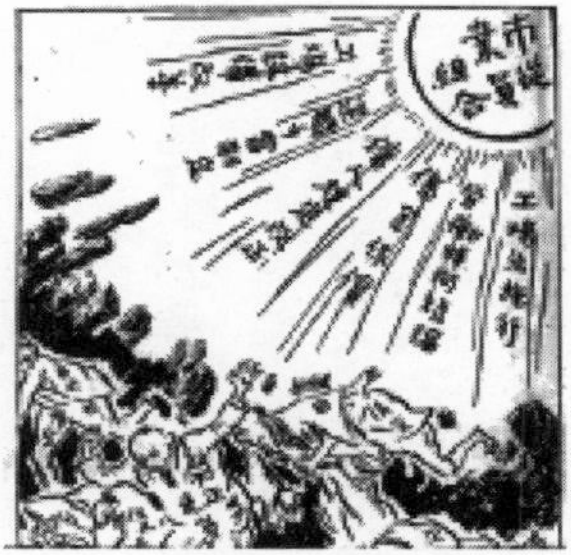

東京市従機関紙「街頭」から

き上げは拒否回答、時間外割増、定期昇給や退職金などは改善の意志ありの回答で、九月にいったん集約されます。闘いの成果はわずかでしたが、組合員一五〇〇人が三〇〇〇人へ倍増。当局が企んだ第二組合づくりは粉砕されました。

警視総監だった市長は二六年一二月二四日から二五日にかけて五〇〇人の解雇を発表。組合員が四分の三を占め、大道委員長など活動家が多数含まれていました。組合はただちに争議団を結成、二六日にストライキ宣言、二七日からのスト指令を出します。市と警察は、二五日の大正天皇の死を最大限利用し「不敬行為」と決めつけてはげしい弾圧を強行。争議は惨敗に終わり組合員は激減。しかしその後、宣伝を強め下水処理場、自動車修理工場を組織して、再び三〇〇〇人を回復していきます。

中小労組の争議と第一回普通選挙

大正から昭和への時代は、ある意味では岐路でした。労働運動・社会運動など民主主義、軍縮の運動と侵略・軍国主義への道がはげしく攻めぎあったのです。

大正一五年は一二月に昭和となります。下町では共同印刷争議につながる凸版印刷本所工場の組合脱退拒否ストライキが二五年一〇月に闘われ勝利しました。翌二六（大正一五）年一月から五月にかけて、南葛飾郡大島町（現江東区大島）を中心に中小企業の争議が闘われています。京成電車のストはすでに紹介しました。

南葛飾郡大島町　四件／南葛飾郡亀戸町　一件／南葛飾郡不明　一件／本所区向島　三件／本所区外手町　一件／深川区　二件／南足立郡綾瀬　一件

争議の争点は、解雇反対　五件／待遇改善・賃上げ　五件／工場閉鎖反対　二件／賃下げ反対　二件／解雇手当・退職金引き上げ　一件

現在も解雇問題は最大の労使の問題で、個別労使紛争の争点でも最も多い問題です。賃上げはじめ待遇改善も重要な課題でした。大戦後の経済は悪化したままで、工場閉鎖反対や賃下げ反対が目立ちます。金融恐慌から二九年の世界大恐慌、一九三〇年の東洋モスリン二〇〇〇人の大争議へとつながっていく前哨戦でした。

共産党への弾圧、続く争議

一九二八（昭和三）年には、戦前最長の二一九日におよんだ野田醤油争議が解決します。直後に有名な三・一五共産党弾圧事件が勃発、全国で検挙者は千数百人に及びました。

しかし、現場の争議は続きました。総同盟系は組織を拡大していきます。一九二八年の罷業怠業は三九七件、参加人員は四万六二五二人に及んだのです。

三月には本所の業平橋の大日本自転車会社（一九一六年設立、東京鉄工組合本所支部所属）の従業員が賃金改正を要求し、協定に達しました。しかし、会社は実施せず、四月二七日には組合幹部七人を解雇、五月二日にはさらに組合幹部一三人を解雇しました。これに対して、従業員は「解雇者の復職」「歩増金を本給にくり入れ、三割増給」など七項目を要求しストに突入、八〇日間の長期ストを闘いました。当時の自転車は現在の自動車に匹敵する重要な運搬手段です。宮田をはじめ下町には多くの自転車工場がありました。

長期ストは七月一五日にほとんどの要求を通して解決に至ります。しかし、解雇者二〇人のうち復職は一〇人にとどまりました。

この時期には、逓信省関係の逓友同志会は組合員を拡大し二〇〇〇人を突破、亀戸にも支部がつくられています。

健康保険法争議

健康保険法は一九二二年に成立、一九二七年から実施されます。工場法、鉱業法適用労働者を被保険者とし、報酬の百分の三を労使折半するもので、傷病給付、傷病手当、分娩給付、死亡給付などが支給されるもの。しかし、家族に適用されません。給付が一八〇日で打ち切りなどの問題があり、保険料の強制徴収への不満が高まりました。

総同盟は積極的に加入し改善する方針でしたが、評議会は「欺瞞的で労働者に負担を転嫁するもの」として批判、一九二六年暮れから二七年のはじめにかけて、ストライキを展開、深川の浅野セメントでもストが闘われました。なかには全額会社負担を勝ち取った組合もあります。

五法律獲得闘争

当時、労働組合法の議論が進められていました。しかし、結局戦前には制定されなかったのです。現在につながる失業手当、健康保険会社全額負担、最低賃金法、八時間労働法、婦人青少年労働者保護法の制定、改正を求め、評議会を中心に東京交通労働組合などが参加し、五法律獲得全国協議会が招集されています。本所のガラス労働者五〇〇〇人は一時間のストライキを打ちました。だが実際には力が不足し、普通選挙制の下労農党と連携して新たに始まった府県議会選挙の運動を進めることになりました。

2 女性たちの闘い

すでに何度かにわたって女性労働者の闘いを紹介してきました。東京モスリンで深夜労働のなかで闘った山内みなは、その後大阪にいって運動を継続します。一九二五年には東洋紡三軒家工場（約三〇〇〇人）で総同盟と評議会の組合共同闘争が展開され、評議会の大阪紡織染色労組の婦人部長（執行委員）として争議団と指導部のアジトの連絡係を担いました。

要求は、①運送部員に工場法適用を、②寄宿女工の外出を自由に、③女工の強制送金制度の廃止、④浴場の改善、⑤年二回の定期昇給など切実な要求でした。

その後、彼女にも逮捕状が出て東京へ逃げていきます。東京では保険の外交員、髪結いの修業、労農党の仕事をします。

婦人同盟創立

評議会の第二回大会（一九二六年四月）で「総本部に婦人部を設ける件」が討論され「賃金が安いのは婦人なるが故ではなく経済的負担が軽いから、性的差別は経済闘争の課題ではない」と設置反対論がでました。しかし、婦人同盟の創立に向けて「全国三千万の女性に訴える」のアピールが一九二七年二月に発せられました。そうしたなかから、七月に関東婦人同盟が結成され、労農党の大山郁夫委員長が祝辞を述べています。

婦人同盟はこのころ下町で闘われた女性労働者の争議に支援活動を行います。一九二七年六月に南千住（現荒川区）花木ゴム工場で七〇人の女性労働者が賃上げ一割五分、労働時間一時間短縮、年二回昇給の要求を出しました。ビラや交替で応援に行ったそうです。

大島（現江東区）にあった富士瓦斯紡績小名木川工場では、機械設備の老朽化を理由とした工場閉鎖を会社が突然提案。一〇〇〇人の女性労働者が工場閉鎖反対に立ち上がります。工場閉鎖は大島町民の生活にもかかわる問題で町民も工場閉鎖に反対し、町ぐるみの反対運動に広がっていきました。関東婦人同盟も争議支援の先頭に立って闘い、七月には東大セツルメントで演説会を開いています。

さらに、この夏にはさきに紹介した失業手当、健康保険、最低賃金法、八時間労働制など「五法律獲得」闘争が闘われます。

東京モスリン亀戸工場の一二〇〇人の女性労働者が会社に要求し、「強制貯金七割（当時会社は親のご機嫌をとるために賃金の七割を労働者の郷里に送金していた）を四割に」「賃上げ一割五分」「託児所の保母増員」「衛生設備改善」を勝ち取っています。この闘いも評議会と婦人同盟は共同して支援をすすめました。「婦人労働者の日常生活の中から生まれてくるものを政治的に高めてゆくのが任務であるはずだと私たちは考えて出かけて行ったのでした。」（山内みな）

東洋モスリン争議前段、初の「外出の自由」獲得

一九三〇年の東洋モスリンの大争議を闘う主体はすでに工場内に芽生えていました。亀戸第三工場の職工一〇〇人ほどは以前から総同盟の組合をつくっていました。一九二六年三月には亀戸工場従業員全員が加入できる組合として関東紡織労組城東支部が結成されます。

翌年二七年四月には総同盟第二次分裂により中間派の日本労働組合同盟日本紡織労組城東支部になり、五月には待遇改善を要求し四九五一人が参加、翌日には七項目の要求すべてを認めさせました。その中には日本ではじめての「外出の自由」も含まれていました。

文学のなかの労働　もう一つの『女工哀史』佐多稲子

下町文学といえば明治時代に台東区竜泉に住んで当時の女性を描いた作家樋口一葉を思い浮かべます。向島に住み、秋葉原のキャラメル工場に通った作家佐多稲子が自らの体験を綴った処女作『キャラメル工場から』（一九三〇年）に描かれた労働と生活を紹介します。細井和喜蔵が描いた紡績工場のルポ『女工哀史』に対し「もう一つの女工哀史」といえるでしょう。

佐多稲子（1929年）

佐多稲子は一九〇四年長崎で生まれ、一一歳のとき東京へ移ります。住まいは向島小梅町、学校は牛島小学校（現小梅小）でした。家は貧しく、小学校を卒業することができませんでした。上京後間もなく秋葉原の和泉橋にあるキャラメル工場に一年ほど勤めます。その体験を短編小説にまとめました。市電に乗り吾妻橋を渡って工場に通い、電車賃がないときには祖母と歩いて通いました。電車賃は高く、日給は安く「電車賃を使っては間しゃくに合わない」のですが、彼女の父親はそんなことは考えません。女工たちはみんな徒歩で通える所に働き口を探すか、大工場の寮に入っていた時代です。

工場には「遅刻」がありません。なぜなら、工場の門限は午前七時と決まっていて、七時ピッタリに門は閉じられて入れないからです。「遅刻」の日は一日中仕事にありつけないのでした。

一か月たってもなかなか仕事に慣れません。工場の仕事はキャラメルを袋に包む仕事です。二〇人ほどの娘たちが二列にならんだ台に向かいあわせに立ち、白い上着を着てうつむきになって指先を一心に動かし、おしゃべりや流行歌を歌いながら小さな紙切れにキャラメルをのせて包む作業です。「慣れると一日五缶こしらえる。しかしひろ子（著者）は二缶半だ。」

和泉橋は現昭和通りが神田川に架かる橋です。彼女が働く仕事場は、終日陽があたらず裏が川に面していました。「窓からは空樽を積んだ舟やごみ舟等が始終のろのろとうごいているどぶ臭い川」でした。

日給制から一缶七銭の出来高制に移行。「仕事に慣れた娘たちにとっては収入が多くなった。しかしおおかたの娘たちは、今日までの日給と同じ賃金を取るためにはもっともっとその身体をいためつけねばならなかった。……いっせいに収入が減った。ひろ子などは三分の一値下げされた。そして成績表が貼りだされた。」今の成果主義と似ていますね。

この話を家に帰って祖母に話します。祖母は裸電球の下で帽子づくりの内職をしています。父親は「毎日電車賃を引けや残りゃしないじゃないか」と転職を勧め、まもなく口入屋（仕事をあっ旋する人）に連れられて中華そば屋へ行きます。

電車賃はこの小説の舞台のころ（一九一六年）は片道五銭（早朝割引あり）です。ひろ子の一日の出来高は二缶半なので一七・五銭しかなく、電車代に一〇銭取られるとわずか七・五銭しか残りません。当時の日雇いの日給が一九一七年で七〇銭でしたから、当時の女工の賃金がいかに安く、電車賃が高かったかがわかります。

佐多稲子自身、その後も上野池之端清凌亭の小間使い、向島のメリヤス工場の住みこみ、再び清凌亭の座敷女中、一九二一年には新聞広告の求人に応募し日本橋・丸善の洋品部。関東大震災で二年ほど向島をはなれますが、ほとんど向島暮しでした。それだけに下町への想いは深かったといえます。

3　北原白秋の大川風景

北原白秋といえば、「からたちの花」、「ペチカ」、「ゆりかごのうた」など童謡を思い浮べます。童謡作家であると同時に詩人でもあった白秋は、一九二八年に発行された『大東京繁盛記・下町篇』に大川（隅田川）を下りながら観察した関東大震災後の復興の姿を描きました。描いたのは直の労働もありますが、建物、橋、工場、交通機関、機械などからは当時の労働を想像することができます。まず、炉端で玉ねぎを焼く一人の老婆を見つめ、焼鳥、おでん、かん酒、牛めし、氷などを描き、「近代無産階級の魔窟」（白秋）としての玉の井（墨田区東向島あたり）から描写を始めます。白髭橋のわきには鋳物工場を「怪奇な表現派の建物」として紹介。小さな蒸気船が黒煙、煤煙をあげ、対岸の橋場には石炭の山が夕焼けにそびえ、復興局の砂利場もあります。まもなく、浅草。架橋工事(注)に起重機が乱立し「生きたる鉄、鉄柱、鉄鋼。近代の神こそはまさしくその斜塔の頂辺に座す。」と表現しました。

注：関東大震災後の復興工事で隅田川にかかる橋は一つひとつが独立したデザインで頑丈な鉄筋コンクリートや鉄橋に架け替えられ、あるいは駒形橋のように新たに架けられた。

復興と創造の労働

竹屋の渡しのそばには大学のボートレースの艇庫があり、川には塵芥船《じんかい》、モーターボート、周囲には乗合自動車（バス）、簡易食堂、そして今はアサヒビール本社ビルと墨田区役所に代った札幌ビールの赤レンガ工場が吾妻橋の墨田側にありました。

「復興と創造と、東京は今や第二の陣痛に苦しみつつある。この大川風景に見る亜鉛、煤煙、塵芥、鉄、鉄鉄の憂悶（心配で悩み苦しむ）と生気と……架橋だ、開削だ、地下鉄道だ」駒形橋はまだ未完成、桟橋の土舟、トロッコ、作業員が泥水と汚水とたたかいました。厩橋は震災の烈火で焦げきったままさびてその上を市電がよろめいて渡って行きます。いずれも背後で働く労働者の姿が浮かび上がってきます。

復興に不可欠なコンクリート。深川にあった浅野セメント工場は「もうもうたる黄塵、粉まみれの大煙突……セメント城、「鉱毒騒ぎ起るはずだが、そのまた深川側にはなくてはならぬ偉観である。」と描写。清洲橋は架橋中で、橋台、橋杭、足場組み。永代橋は鋼鉄橋の王でした。

水上生活者の罷業

「給水船が来る。水上警察のモータボートが来る。不潔、不潔、芥埃だ、泥だ、重油だ、煤だ。」隅田川の汚れの描写です。八月には水上生活者一同が罷業騒ぎを起こしました。陸上に家を持てないで船で生活をする水上生活者。「土竈《どがま》が見える。釜が見える、鍋が……汚水で茶碗を洗った。……コレラ、赤痢、腸チフス、マラリヤ。」子どもだけでも一〇万八〇〇〇人もいました。東京市は一九三〇年八月には月島に水上尋常小学校を設立しています。

「人間疎外」の大資本主義の時代

「よいとまけ、えんやさのどっこいさ。」の時代は過ぎ去っていきました。「三菱だ、三井だ。大資本主義だ。……鉄、鉄、鉄、機械獣、時に機械神としての風格を彼らは高く顕現する。『ふん、人間ども。』鼠（ねずみ）、鼠、鼠、鼠、二十日鼠の人間。頭でっかちの人間。何を駆使する脳髄だ。あべこべに使役され、こづきまわされる人間機械。じん、じん、じん、じん、じん、きょん、きょん、きょん、きょん。」

白秋は関東大震災後の大川（隅田川）を下る船中で、人間の労働が汗にまみれた「よいとまけ」の時代から、「機械に使われる〝大資本主義〟の時代」に移り変わっていくことを感じ取ったのでした。

4　東大セツルメントのその後

労災補償法の原点

関東大震災後、隅田川に架かる橋の架け替え工事で働く労働者の中には、橋の基礎工事のために高圧の潜函に入って病気になった労働者がいました。セツルメントの医療部ではなかなか診断が出来なかったので、東大の文献で調べた結果、ケーソン病（潜函病、潜水夫の職業病）であることが判明。医療部のセツラーたちは専門家の末広教授に報告、相談し、教示を仰ぎました。

当時は工場労働者には工場法があって傷病保護がありましたが、屋外労働者にはなかったのです。仕事で怪我をした場合は欠勤となり、賃金がもらえないばかりか、治療費も自己負担。直接生活にひびき貧苦にあえぐ状況を生み出していました。

末広教授は新しい立法措置の必要を認め、帝国議会への請願をすすめました。セツラーたちは請願書をつくり、署名運動を行い三五〇人の屋外労働者の署名を集め、清瀬一郎弁護士（後の東京裁判弁護人、衆議院議長）を紹介者として議会へ提出しました。

請願はただちに採択され、翌年「労働者災害扶助法」として公布され、後の労働者災害補償保険法の原点となったのです。

児童部の唱歌指導

児童部はセツルハウス落成の日に始まりました。「それまでのじめじめした路地が遊び場であった子どもたちにとって、セツルメントは物珍しさもあって、格好の遊び場になった。一〇〇人から二〇〇人にも及ぶ子どもがハウスの中に入ってくる。この子どもたちを外に出すことがまず仕事で、運動場で遊ぶ、ベランダで話をすることから、日課が始まった。」ブランコも、鉄棒も、図書室もありました。しかし本の冊数は少なく、金持ちの家を回って児童書を寄付してもらいました。

後に「歌ごえ運動」で有名になる良家の関鑑子も唱歌指導のためにセツルメントを訪れています。

このことは新聞にも取り上げられました。関は友人から寄付を集めピアノをセツルメントに寄付しました。

託児部の誕生

児童部の活動から託児部が生まれました。同じ地域の賛育会では乳幼児の生活保護を目的とする託児所を設け、セツルにおいても機運が高まり一九二五年には一五人の幼児を集め、中庭のベランダ、砂場と子ども室を利用して、ミニ託児所を開設しています。

一九二六年四月には託児所が正式に開設。翌二七年には児童館も建設されました。保母も二人に増員しています。研究熱心なセツラーたちは他園の見学や研究を通じて独創的な託児システムをつくり、児童部も独自のテキストをつくるなど総合的教育をめざしたそうです。

セツルメントの生活協同組合化

セツルメントをいつまでも「上から与える」ものではなく、労働学校で目覚めた労働者が自主管理する消費組合としていくことが、セツルメント内部での論争を経て決まります。一九二八年一二月、総会で柳島消費組合の設立にゴーサインが出ました。

「組合員募集」のビラを電柱に張って歩きましたが一人も来ません。次に訪問カードを持ってセツル周辺を軒並み訪問。ようやく八月一日には一八二人で柳島消費組合が発足。児童館玄関前が仮の配給所になり、米、みそ、醤油、砂糖、茶、サイダー、石鹸、歯磨き粉、マッチの九種類が並びました。

高い理想のもとに出発した生協でしたが、採算をとることが難しく、学生の出入りも激しく、四年目には廃止論も現れました。その後柳島消費組合は関東消費組合に加入していきます。セツルとの混同をさけるため地元労組員を消費組合長にします。しかし時期尚早で組合の弱体化につながり、やがて経営難に直面していきます。

5　渡辺政之輔のその後

左翼労働組合の追求

関東大震災時の亀戸事件虐殺を逃れた渡辺政之輔（以後、渡政）は本所太平町の事務所に母や妻の丹野セツと居住し、運動・組織再建活動を続けます。二三年一二月に市ヶ谷刑務所を仮出獄した渡政は二四年二月に亀戸事件犠牲者合同葬を青山斎場で営み、さらに南葛労働会と江東自転車組合を合同して東京東部合同労組を設立し、総同盟に加盟します。

渡政はその大会に参加しました。大会の印象を「労働階級者の利害に関する施設の討議がなされた。……ブルジョアの議会に対してプロレタリアの独立した議会であるという深い印象を受けました。」

と述べています。

実際的な施設としては、本所太平町の「総同盟職業紹介所兼東部合同労組本部」、日暮里の「日本労働学校分校」、大島の「会議室兼宿泊所」があげられます。その後、総同盟内部の対立から分裂へ、総同盟関東地方評議会が二四年一月に発足、ここに左翼労組連合が日本ではじめて結成されました。会長には東部合同の藤沼栄四郎がなり、二五年には東京合同労組に発展しました。

強力なオルグ力

二五年五月には、左翼労働組合、日本労働組合評議会は三二組合、一万三六〇〇人となり、総同盟の三分の二に達しました。前年二月は東部合同のわずか一〇〇人から驚異的な拡大です。渡政の強力な組織力の結果です。

七月には、普通選挙の実施を前に、東京合同に本部を置く無産党建設、失業反対委員会を組織します。東京合同主催の演説会に出席し「働かせろ、食わせろ」のスローガンを提出しました。同時に、日本共産党再組織と無産政党組織化の活動を続けます。九月にソ連金属労組委員長が訪日した際には本所太平署に検束され、そのときにロゾウスキーの『国際労働組合論』を読んだそうです。

工場委員会戦術

評議会は二六年一月には四六組合、三万二三〇〇人へとさらに発展し黄金時代をつくります。渡政は二五年にパンフレット「少数派運動の使命」を発刊。イギリスにおける少数派運動の翻訳です。「現存組織を一層強固にし、一層広く結合せしめ、そして統一をもたらさんとする」ことが少数派運動の目的でした。上からの協同戦線、下からの工場代表者会議、工場委員会戦術は「組合乗取りの陰謀屋」とのレッテルが渡政に貼られます。

評議会の創立大会に労働組合の前提として、自主的工場委員会方針が提案されます。その理由として「一工場における労働者を不断にその工場の労働条件に注意せしめ結束せしめることは、労働組合を組織する前提である。」とし、「組織」としては「一工場を単位とすること。一工場の全労働者を包含すること」をあげ、「事業」としては「労働条件の調査、事業の管理状態の考査と改善、工場内における一般労働教育、衛生設備の改善、組合の宣伝、教育、組合加入」、組合との関係では「工場委員会内の組織労働者は工場分会を組織する。工場分会は工場委員会内における教育と労働状態の調査を行い支部に報告する」とあります。しかし、この方針は評議会創立大会で否決されました。渡政は「工場委員会」パンフレットを出版し巻き返し、二六年の評議会中央委員会で採択されます。

争議指導では一月に文京区の共同印刷二三〇〇人のストライキを指導しました。

共産党委員長に……自殺へ

その後は党活動に専念し、本所太平町の東京合同本部に母と妻を残して地下活動に入ります。一二月には日本共産党五色（山形県）創立大会に出席、翌二七年日本共産党の代表団の一員としソ連を訪問。二八年三月には共産党の委員長に。三月一五日の大検挙を逃れ、上海へ、一〇月台湾の基隆で官憲に追いつめられ自殺を余儀なくされました。

6　下町の朝鮮人労働者

急増した朝鮮人人口

関東大震災では六〇〇〇人もの朝鮮人が虐殺されました。しかし、その後震災復興事業がすすむなかで朝鮮人人口は下町で急増します。就業先は定着性の強い工場ではなく、流動的な不熟練労働者、土木建築関係労働者が増加したのです。全国的にも在日朝鮮人は一九二〇年の三万〇一四九人が、三〇年にはほぼ一〇倍の二九万八〇九一人、一九四〇年には一一九万〇四四四人と四〇倍にも膨れ上がっていきます。

地域的には、隅田川下流、芝浦一体であり、本所、深川、南葛飾郡、北豊島北部、荏原郡でした。これらの地域は関東大震災による人口流出が激しく、居住条件も劣悪でした。日本人と朝鮮人との間が隔てられ「摩擦を生まない居住空間」がつくられていきます。

江戸川、葛飾、足立など周辺郡部が区制になった（三二年）後の一九三七年でも、朝鮮人人口は絶対数で深川区（五〇六七人）、荒川区（四一七九人）、本所区（四〇三九人）、城東区（三六二二人）、人口比率でも深川区（二・三七％）城東区（二・一二％）向島区（一・五四％）本所区（一・四五％）と下町四区が上位を占めています。

仕事は、製造業では、男子がガラス職工、女子は紡績工などで日本人労働者の募集が困難で、低賃金、高熱、長時間労働に限られました。多くは土木工事で、とくに道路工事用労働者が多かったようです。南葛労働会事務所があった本所太平町には相愛会という労働者保護の寄宿舎があり五二五人もの日雇いの人夫が宿泊していました。

「労働者保護団体」による集団的就職

朝鮮人労働者は、同郷の先輩を頼っての就職とともに相愛会、一善労働会、野方汗愛寮、在日本朝鮮労働一心会など「労働者保護団体」を頼る場合も多かったようです。保護団体は「日鮮融和」「朝鮮人労働者保護」をうたっていました。これらの団体を通しての就職は独身者五一・三％、世帯員四五・三％、知人友人親戚の紹介が二二・二％と二一・五％であるのに対して、公的職業紹介所は一・五％と二・五％と就職率の低いのが目立ちます。ただし、この調査が保護団体を通してのものであるため、疑問視もされています。また「労働者保護団体」は今日の「技能実習生受入れ団体」と似ています。歴史は繰り返すのでしょうか？

衆議院議員になった朝鮮人

「日鮮融和」をうたった相愛会は関東大震災後官僚や財界からの支援もあって、勢力を伸ばし二万人ほどの組織になります。代表的な相愛会は職業紹介とともに、太平町の寄宿舎など無料宿泊施設を経営。副会長朴春琴は三二年と三七年に東京四区（本所区、深川区）選出の帝国議会議員になっています。一九〇六年に来日し、土木作業員から手配師となり、清水組や熊谷組の仕事を請負ました。二〇年に相愛会の前身、相救会を結成、二一年に相愛会に改組し副会長となり、関東大震災の死体処理、焼け跡整理をします。三二年衆議院に初当選し二期務めますが、大政翼賛選挙では敗北します。親分肌で面倒見がよかったことから日本人にも人気が高かったそうです。戦後は親日派民族反逆者として指名されます。当時は「内地居住」の男子であれば朝鮮人、台湾人でも日本人と同様に選挙権、被選挙権を有していたのです。

一九二二年に東京朝鮮労働同盟会が結成され、一九二五年には「在日本朝鮮労働総同盟」が八時間労働制、最低賃金制度確立などを掲げ東京で結成されます。神奈川、大阪などでは朝鮮人労働者の争議が闘われました。下町では、皮革産業労働者の東京合同労組で在日朝鮮人運動の指導者であった金

労働女塾の様子。右端が帯刀貞代（1929年）

浩永が活動していました。

7　東洋モスリンの争議

亀戸に「労働女塾《ろうどうじょじゅく》」を開設――帯刀貞代

下町労働史のハイライトは、一九三〇年の東洋モスリン（亀戸七丁目、下町ユニオン事務所もその敷地内）の闘いでしょう。二〇〇〇人を超える女性たちの闘いを支えたのが一九二九年に設立された「労働女塾」です。設立者が帯刀貞代です。

彼女は島根県で生まれ、小学校の代用教員をします。わけあって東京へ出て、納豆売りやウエイトレスをしながら上野の図書館で社会問題の本を読み、そこで東大新人会の織本利と出会い、結婚。織本が一九二六年に結成された日本労農党（日労党）の活動に参加し、彼女も日労党系の全国婦人同盟を結成、書記長に選出されます。二人は亀戸に移り住み、亀戸のモスリン工場、染色工場などを見て回りました。

織本が結核で倒れ、市川に転居。帯刀は生活のため日本紡織労組の常任書記になります。そこで東洋モスリンの女工、小林たねと出会います。小林から「いろいろな覚えごとや社会勉強ができる塾みたいなことを始めたい」といわれ、裁縫や家事を教え、組合の話もできる塾を始めることになりました。

一九二九年八月、大恐慌が起こる直前、労働女塾は亀戸七丁目二二四番地、「モスリン横丁」に設立されました。

「近来資本家の飽くなき合理化運動は抵抗力の弱き婦人労働者の上にその嵐の如き毒牙を磨き、低廉なる賃金は益々切り下げられつつあり、労働の強度はいやが上にも強化せられて、工場に於ける婦人の呻吟は日に日に深刻の度を加えつつあります。……かかる時あたかも合理化の嵐に直面する婦人労働者がその全力を挙げて自らの防衛に、解放のための闘争により鞏固《きょうこ》なる組織と鉄の如き訓練とを持つことの緊急必要なるは、多言を要しない処であります。我々が開設せる労働女塾はかかる時機に際し、従来とかく婦人労働者にかけたる教育機関の欠を補い、もっぱら婦人闘士の養成を使命として生まれたものに他なりません。」と女性活動家の養成をめざす設立の趣旨を明確にしています。しかし、黒板もなく机も不十分でした。その窮状を訴え、ミシン、裁縫用具の整備に「むこう六か月間に月一円」の資金カンパを訴えます。

さいわい堺利彦、丸岡秀子、河崎なつなど広い層から支援をうけることができました。塾は帯刀の自宅で八畳、六畳と台所、家賃は月二五円、維持費三〇円でした。メンバーには東洋モスリン、東京モスリンなどから約三〇人が集まりました。帯刀は主事になります。

教授科目は時代を反映しています。

一、イ、学科（一週間四時間、月曜日、水曜日）テキスト「婦人と労働組合」「プロレタリア経済学」「婦人運動の当面の諸問題」「科外講話」

ロ、裁縫　常時　和服、婦人子供洋服

ハ、手芸　常時　編物、刺繍、袋物

二、割烹　一週一度　土曜日

二、労働婦人文庫の完成

三、労働婦人ニュースの発行

帯刀自ら講師となり難しい話をやさしくかみくだき学科を学ぶとともに、裁縫など当時の女性が身に付ける科目が重視されます。

その背景には、二九年七月に婦人と青少年の深夜業が禁止され、一〇時間二交替制から八時間半二交替制になったことがあります。女工たちは多少の自由時間を得て、これまでできなかった裁縫などをはじめたのです。

亀戸は紡績の街だった

「労働女塾」があった一九三〇年当時の亀戸地域は東洋モスリン（亀戸七丁目）はじめ、東京モスリン（現文花団地）、日清紡（亀戸二丁目団地）など三〇〇〇人規模の大きな紡績工場がありました。当時深川区、大島町、砂町では女子労働者が一割程度に過ぎなかったのに対して、亀戸町では女子労働者は四割を占めていました。

「一九〇七年、亀戸七丁目に設立された東洋モスリンには、新潟、福島などから出稼ぎ女工として、小学校を卒業したばかりの少女から二〇代の若い女性たちが働きにきた。彼女たちは、会社が用意した寄宿舎に入り、一部屋十数人がいっしょの集団生活を送った。」（『江東に生きた女たち』ドメス出版、一九九九年）

工場の南側は千葉街道と竪川（現在は暗渠、上は高速道路）、北側（現在は京葉道路）には都電（当時は錦糸町から西小松川までの城東電車）が通り、食べ物、着物、下駄、化粧品の店ができ、五の橋館などの映画館もありました。

洋モス労働組合の歴史と闘い

洋モスには三工場あり、以前から第三工場の職工一〇〇人ほどの総同盟関東紡織労組請地支部洋モス班がありました。一九二六年三月には亀戸工場従業員が全員加盟する組合を作ろうと関東紡織労組城東支部が結成されます。その後総同盟第二次分裂をうけ、二七年四月には中間派の日本労働組合同盟（組合同盟）日本紡織労組城東支部となりました。

二七年五月、亀戸第一、第二工場では五〇二一人の労働者のうち四九五一人が参加し、左記要求の待遇改善闘争が展開されました。

一、第二工場職工三名（総同盟幹部）を転勤させること
二、退職手当を公示すること
三、寄宿女工を自由外出させること
四、徴兵者を休職とすること（従来は退職）
五、臨時工を廃止し普通職工とすること
六、家賃手当を復活すること
七、夜業手当を支給すること（一回一〇銭）

会社は要求提出後わずか一日で要求を全て認めました。

拘置所のような籠の中に入れられ、自由な行動が許されなかった女子紡績労働者にとって「外出の自由」は「人権宣言」（鈴木裕子『女工と労働争議』れんが書房新社、一九八九年）でした。

こうした闘いの経験は女子労働者にとって自信となり、労働組合への信頼が増していきました。組合の威信は高まり組織も拡大をしていきます。しかし、二八年春に組合（城東第一支部）に会計問題が起こり、日本紡織労組から脱退。六月には洋モス従業員組合を結成して組合同盟に直加盟を果たしました。

翌二九年七月、午後一一時から午前五時までの深夜業が禁止されます。これも歴史的なできごとでした。日本の低賃金長時間労働が国際的に批判を受けていたことに対し日本の資本主義は「改善」を余儀なくされたのです。これに対し資本は「合理化・賃下げ・労働強化」と法が適用されない「中国への進出」で対抗してきました。

洋モスでは、深夜業禁止前一九二六年下期の職工数八八二三人が、禁止後二九年上期には六八五八人と二二・三％減員しているにもかかわらず、生産のトップ出来高は一一五万六〇〇〇ポンドが二二〇万五〇〇〇ポンドと九〇％も増加しています。

洋モスは同時に組合破壊をすすめ、三人の組合幹部に対して解雇、組合脱退強要、辞職強要をはかってきました。二九年六月、洋モス従業員組合は深夜業禁止による労働条件低下を見越して、定昇の年二回実施、深夜業廃止後の新手当、月収入の保証などの要求を提出します。

世界大恐慌の勃発

世界大恐慌の始まりです。「暗黒の木曜日」といわれるニューヨーク株式大暴落が一九二九年一〇月におこりました。アメリカの失業者は恐慌前に一六〇万人でしたが、三年間でまたたくまに一二五〇万人へと増加。日本経済も株価は暴落し奈落の底へ落とされました。

アメリカ市場に大きく依存していた生糸の生産も大暴落、労働者の実収入は二八年の一〇〇が六年には九一・五、とくに紡績や製糸に多い女性は七七・四に下がりました。

大恐慌は農村に広がり、さらに三一年には東北、北海道が大凶作に襲われ、夜逃げ、行き倒れ、親子心中、強・窃盗、娘の身売りなどすさまじい地獄絵の状況が生まれました。

こうしたなか、同盟罷業、工場閉鎖反対など労働争議は二八年の三九七件、四万六二五二人の参加者が三〇年には九〇六件、八万一三二九人、三一年には九九八件、六万四五三六人と、戦前のピークに達します。戦後一九七四年には五一九七件もありましたが、二〇二二年の半日以上のストライキはわずか三三件です。(厚生労働省「労働争議統計調査」)

三〇年二月争議——綿紡部工場閉鎖

二九年七月の深夜業廃止に伴い、洋モス従業員組合は六月一六日に要求（嘆願）を出します。地域の土木請負業者のあっ旋により、深夜業廃止による月収低下はしない（日給者賃金の据え置き）、皆勤手当は新制度で実施、寄宿舎の食事改善などが実現して一九日に解決しました。

組合に押され気味の会社は経営状況がさらに悪化し、深夜業廃止と合理化を大恐慌下ですすめます。二六年下期の職工数八八二三人が二九年上期には六八五八人と二二％減少しましたが、生産は大幅に伸びています。

さらに会社は組合幹部の解雇をおこない弱体化をすすめるとともに、資本金の減資、亀戸第二工場の（綿紡部、女性六〇一人、男性二〇〇人）の閉鎖（解雇者一五七人、転勤者六〇〇人）さらに、第一、第三、第四工場の年功加給の廃止などを三〇年二月一五日に強行してきました。

従業員の大多数は、組合同盟・日本紡織労組洋モス支部協議会に属し、他に総同盟が第二工場の男性従業員の一定数を組合員とし、共産党系の全協が組合同盟の反対派を形成していました。

連日のように、第二工場労働者は構内デモを繰り返し、第四工場（四七九人）全員がストに入り、第三工場でも女性労働者の一部が工場内広場でメーデー歌を唄ってサボタージュに入ります。交渉は二四日に決裂。会社は二六日に従業員一〇〇余人に出勤停止、女工の外出禁止、組合の中堅活動家一二〇人の解雇、暴力団の導入など反撃を強めます。工場ごと労働者が決起し、暴力団や警官と対峙しました。

組合同盟本部は、この闘いが産業合理化による操業短縮実施の結果としてとらえ、全国の紡績工場を一斉に決起させること、持久戦を準備する方針を中央執行委員会で決議。しかし、争議はなぜか急速に終結へ向かい、総同盟が二八日に会社と、同組合関係者八四人のうち一七人の復職、解雇者への金一封支給等の条件で覚書を結びました。最大多数派の組合同盟も暴力団（正義団）を仲立ちに覚書を交わしましたが、組合承認は実現したものの一人の復職も実現できず、屈辱的な敗北を喫しました。（戦前は現在のように労働組合法—労働委員会がな

デモ行進をする東洋モスリン女性従業員たち
（1930年9月28日　日本電報通信社撮影）

く、争議はたびたび警察署長はじめ有力者の調停、仲裁に委ねられました。）

五〇〇人の解雇

世界大恐慌の広がりのなかで、日本の労働争議は三〇年に九〇六件、参加者八万一三二九人、三一年には九九八件、六万四五三六人と戦前のピークをむかえます。東洋モスリン争議はそのなかで注目すべき闘いでした。

二月争議が解決して半年、九月に会社は綿紡部五〇〇人の大量解雇を強行してきます。

一、綿紡部は九月二六日から休業
二、寄宿舎居住者は帰国（帰郷）、三か月間は標準日給三分の一を支給（その間に練馬、静岡工場などへの転勤、呼び戻さない場合には退職）
三、即時退職の帰国者には標準日給二九日分の支給
四、通勤者には旅費は支給しないが二、三と同じ

これに対し労働組合は、①強制帰国反対、②解雇者の練馬・静岡工場への転勤、③希望退職者の募集、④一〇〇日分の手当支給を要求し、交渉を会社に申し入れしました。しかし、組合破壊を念頭に置く会社は頑なに拒否、組合は二三日から怠業（サボタージュ）、二六日からはストライキに突入しました。

女性労働者の大半は田舎から出てきて、会社構内の寄宿舎で生活をしていました。不況、不作のなかで「青大将や木の根を食べている」田舎には帰れないと決起したのです。白はちまき、赤だすき、太鼓を打ち鳴らしながら街中を行進し、亀戸地域の住民も巻き込んでいきました。

会社のそばには「労働女塾」があり女性活動家の育成をすすめています。無産婦人同盟は女性労働者への激励、教育、ビラまき、争議資金集め、町内を回っての支援米集め、演説会の開催、家族会の組織化、警察の暴行に対する内務省への抗議などを組織し、争議支援を展開しました。

スト切り崩しの暴力団を追い出す

「女工、女工」とさげすまされてきた女性労働者は暴力団に対して「名前は正義団だが、ほんとは暴力団なのよ！」と追いつめ、女性組合員五〇〇人と暴力団二〇〇人との大乱闘も展開されています。メーデー歌はじめ労働歌、太鼓、デモ行進を展開し、ときには検束を受けながらも、亀戸の街に洋モス争議支援が浸透していきました。九月二八日には亀戸町民一万人が争議支援に街に出ます。ついに暴力団は会社から追い出されました。

かわって警官（官犬）が公然と工場内、寄宿舎内に入ってきました。「メーデー歌を唄うな、デモをやるな、太鼓をたたくな、旗をふるな、それをやると総検束をするぞ」とオドシをかけてきます。盆歌を労働歌と間違えて寄宿舎に土足で乱入することも、それを押し返すこともあったそうです。

一時は追いつめられた会社ですが、卑劣な手段で巻き返し・切り崩しをはかります。再度鉱山出身の暴力団を入れ寄宿舎で殴ったり、短刀を見せつけたり乱暴を働きました。

田舎の父兄宛に「女性労働者の妊娠が三〇〇人を下らない」などの手紙を送りデマを流し、対する女性労働者は「組合という物はそんなにだらしない物ではありません」と連名で手紙を送り返しました。会社は旅費を出し父兄を呼び寄せ、暴力団や警官を使って強制的帰郷を進めたのです。結局八九〇人が泣く泣く帰郷していきました。「家のために働きに来た女工たちは、また家の圧力で連れ戻された」のです。

帰郷者、退職者が増え、一部で生産が開始されそこへの就業者が増えていくなかで、労働組合は「地域ゼネスト」を提起し、一〇月二四日亀戸で市街戦が闘われるに至ります。

亀戸の「町ぐるみ闘争」へ

争議の応援団長加藤勘十（戦後労相、社会党代議士）は「争議を契機として地域的ゼネスト体制をつくろうというのが、目的だった」と争議を位置づけていました。

連日の工場構内デモに続いて、亀戸町ぐるみの闘いへと発展していきます。九月二七日には組合員と暴力団（正義団）との大乱闘が繰り広げられます。警察によって寄宿舎に押しこめられていた女性労働者五〇〇人が寄宿舎を飛び出し、労働歌を唄いながらデモを貫徹、寄宿舎に残った女性労働者たちも、二階の窓から組合旗を振ってこたえました。

「東洋モス大争議レポ集」には、「自動車でやってきた正義団をストップさせバックさせた」「夜の街頭デモで一四人が検束」「官犬の警備が電車通り（今の京葉道路）、富士館通りに一間ごとに立ち」「浅間館前でデモ隊と警官隊が衝突、大乱闘」「町民応援約一万の人出・調査不能、検束者は町民」「寄宿舎に警官隊二〜三〇人が押し入り、メーデー歌で押し返した」「太鼓大小を持っていった」と連日闘いました。亀戸は洋モスでもっている町で、町民は女工さんたちに同情し救援のお米を一升ずつ入れてくれました。

しかし一〇月に入ると会社の猛烈な巻き返しが展開されます。鉱山暴力団の再配置、脅迫、暴行、父兄の呼び寄せ、荒縄で縛り上げての強制帰郷、さらに大量解雇となりふりかまわずの切り崩しが行われました。

女工たちは、募集人の紹介で父親が契約し、支度金五〇円、日給四〇銭で入社、娘たちからの給金の大半は小作料の支払いに充てられました。送出しの村では女工の保護と供給のために女工保護組合がつくられ賃金や待遇について会社と交渉しました。しかし、ストライキにあたっては村に女工を連れ戻す役割を果たしたのです。

一〇月二四日の「亀戸市街戦」

会社の巻き返しに対して、一〇月七日組合は工場代表者会議を東大柳島セツルメントで開催し、支援決議をあげます。二一日全労東京連合会の組合代表者会議は二四日夜の「亀戸市街戦」となる一大デモを決定します。

二四日夜、「亀戸ダー、洋モス争議団に押しかけろ、逆襲戦だ、デモ・テロだ、労働者武装して総動員しろ！」と勇ましく「市街戦」が全国労働組合同盟から発せられ、二〇〇〇人が結集、三〇〇人余の警察官と衝突します。女工たちは寄宿舎で待機する方針でしたが、外勤の女工たちから労働歌を唄ったり、デモ隊を激励する者が出てきました。この日の検挙者は一九七人、洋モスの四人もそのなかに含まれています。

一〇月三一日までに帰郷者八九〇人、退職者三九〇人、就業者一七九人と増え、争議から引いていきました。「地域ゼネスト」をめざしたにもかかわらず、結局、争議団は指導部を大量検挙で失い、力を失っていきます。

争議の収拾に日本紡織労組藤岡文六組合長が関西からやってきました。彼はまず争議団を扇動する応援団を「夜襲玉砕」方針により黙らせ、争議団の結束を固め、そのうえで調停による解決をめざして警視庁官房主事にかけあいます。一一月一九日に会社、組合と警視庁官房主事の連名により解決条件が合意確認されます。解雇は撤回しないが退職金を上積みする内容で敗北でした。

加藤勘十が考えていた地域ゼネストによる「経済闘争から政治闘争へ」の道は敗北に終わりました。解雇撤回の要求実現について展望を開くことができなかったのです。

ストライキで激しく闘い、第三者に調停を求めるというスタイルが戦前の特徴ですが、その背景には「争議を政治闘争へ」結びつける指導がありました。女性たちのすばらしい戦闘性を階級教育し、女性指導者を作り出すことができなかったのです。労働争議を調停する公的機関もない、労働組合法もない時代の限界でもあったといえるでしょう。

「ゼネスト」の敗北

「市街戦」は一〇月二四日に亀戸の町ぐるみの大デモンストレーションとして展開されました。しかし騒じょう罪が適用され争議の指導者含め一九七人が逮捕され争議は収束に向かいます。

同時に追求された「地域ゼネスト体制」はどうなったでしょうか？　加藤勘十は全協（日本労働組合全国協議会、共産党系労働組合の全国組織）が進めていた工場代表者会議を「全協では人が集まらない」として「われわれ合法性を持った」争議の起っている工場労働者を工場代表者会議に集めようとしましたが、規模の大小による意識の差などがあり、うまくはいかなかったようです。

しかし、一九二九年に発生した世界大恐慌により各地で労働者の人員整理がすすめられ、賃金労働条件が切り下げられ、生活破壊、解雇、労働強化に抗して労働者は全国で立ち上がりました。労働組合の組織率は三〇年に七・五％、三一年七・九％、争議件数が九〇六件、九九八件、参加人員八万一三二九人、六万四五三六人と戦前最大となりました。

第一製薬の争議

亀戸、墨田などでは表のように中小企業での争議が頻発し、加藤勘十が描く工場代表者会議に基礎を置く「地域ゼネスト体制」が構築されたかにみえました。しかし争議の実態は、労働条件をめぐる争議でした。経済闘争から政治闘争に向かう道筋を切り開くことはできなかったのです。

本所区柳島（墨田区業平、横川あたり）に設立され、今も研究所が江戸川区船堀に現存する第一製薬（現在は第一三共）の争議をみてみましょう。一九一五年に前身のアーセミン商会が設立され、柳島・亀戸と相次いで工場ができました。争議団は三〇年に両方に結成され一〇月二六日から争議に入り一一月一九日に解決します。

二五日に①退職金制度の即時制定、②皆勤賞、精勤賞の本給組み入れ、③年二回の定期昇給、④一ヵ月分以上年三回の定期賞与、⑤女工の被服費を男子と同じに、⑥健康保険料の全額会社負担、⑦労使の紛議緩和のための工場委員会の制定などの嘆願書を出します。

これに対し会社は全面拒否、二七日から工場休業で対抗してきました。さらに、右翼建国会約二〇

1930年の下町地域の争議

1月18〜23日	広藤製革工場（16人、うち朝鮮人2人、中国人1人、墨田）
1月28日	東洋モスリン（第1次）(江東)
4月7〜27日	鐘紡隅田工場（3097人、うち女2396人、墨田）
4月12日〜5月2日	櫻井製紙工場（45人、うち女25人、墨田）
5月19日〜31日	大日本アスファルト工業亀戸工場（36人、うち女5人、江東）
5月3日〜9月3日	前田鉄工所（190人、墨田）
6月26日〜7月5日	坪井友禅工場（80人、女9人、墨田）
8月3日〜11月14日	大島製鋼所（287人、江東）
8月23日〜9月19日	葛飾汽船会社（35人、江戸川）
9月26日〜11月19日	東洋モスリン（江東）
10月1〜31日	城東電車（160人、墨田・江東・江戸川）
10月26日〜31年1月20日	大和ゴム製作所（270人、葛飾、全労・関東合同）
10月26日〜11月19日	第一製薬柳島工場・亀戸工場（43人、女14人、墨田・江東）
不明	大日本セルロイド亀戸工場（江東）(247人、江東、総同盟・中央合同)
12月	不明　大日本アスファルト亀戸工場（江東、5人、全労・関東合同）
不明	山中アルミ（江東）

人を導入、二九日には争議指導者二〇人を解雇。残る団員に一一月一日より会社再開を通知するも出勤者はゼロ。その後持久戦を想定し、さらに一二人を解雇します。

争議団は友誼労組へ支援を訴え、同時に地域へ声明書、菓子の行商、大島製鋼、洋モスとの共同闘争、社長宅訪問抗議、商品ボイコット、本社抗議から、人糞散布攻撃、帝大教授の会社顧問追及を展開しました。

一一月六日には「デモ的ピクニック」を敢行した洋モス争議団六〇人が無産婦人同盟に導かれ、

第一製薬争議団を訪問、争議団万歳のエールを交換しています。

その後、一一月一〇日に争議団は解決条件として、全員復職、定昇年一回、賞与は一回につき二〇日分、争議費用全額会社負担、争議中の日給全額負担などを提示しました。

一九日には会社工場長と争議団代表三人との間で覚書が交わされ、二四日間に及ぶ争議は解決に至ったのです。しかし、内容は争議団の解散、解雇者からは六人復職、解雇者への手当支給、退職金規定の創設、定昇実施など厳しいものでした。その中で女子工員の被服費を男子と同額とするは注目されます。

争議団は、洋モスや大島製鋼などの争議団と共同闘争を志向していました。関東合同労働組合亀戸第一化工支部に所属し、洋モスや大島製鋼と同じ系統に属していました。しかし、今回資料にした警視庁の争議報告には一〇月二四日の「亀戸市街戦」のことは全く触れられていません。一九日は洋モスの争議解決の日でもあったのです。不思議ですね。

8　大島製鋼所の争議

一〇六日の闘い

これまで紹介した東洋モスリンや第一製薬の闘いが始まったころ、大島四丁目にあった大島製鋼所では工場閉鎖反対の闘いが展開されていました。

一九三〇年ごろの争議の背景には二九年に始まった世界大恐慌があり、大島製鋼所も事業不振に落ち込んでいました。大島製鋼所は一九一六年七月に鉄鋼、鍛鋼工場を建設、一七年には製線工場が完成しています。資本金六百万円、製鋼と機械などの製造会社で、大倉系の資本（東洋モスリンと同じ系統）、労働者は二八七人。警視庁は組合加入者を約一二〇人、内訳として労農党系東京金属労組七〇人、全国大衆党系（この時点では独自の組合はなく南葛合同労組の組織化を計画）五〇人と見ていました。

これまで大島製鋼所は、一九一九年に整理解雇反対や賃上げ闘争を平沢計七などの指導の下に総同盟の組合として闘っています。

七月三〇日会社は①請負制の廃止、②伍長、組長の常備手当廃止、③土曜日の休業を発表。八月二日に伍長、組長代表が会社に「今回の職制改革は過酷に過ぎるので他の方法を講ずること」と申し入れます。しかし、長谷川専務は「会社の現状より一歩も容認する余地はない」と突っぱねました。

総罷業《ストライキ》へ突入

八月四日通常に出勤した労働者は工場内空き地に集合。東京金属労働組合大島分会として協議し、「①絶対解雇者を出さないこと、②常備手当廃止反対、③強制臨時休業（土曜休）をしないこと、④労災死亡の遺族に五千円の扶助料を支給すること」の嘆願書を作成、午前九時会社に代表七人が赴き嘆願書を提出しました。

会社の庶務課長は「自分一存では何もできないので専務か社長に直接会見のうえ交渉してほしい」と嘆願書を受理しません。こうした会社の不誠意な態度に怒った労働者は「罷業やむなし」を決意して午後二時から職場放棄・総罷業（ストライキ）に入りました。

ストに入った労働者は大島一丁目にある東京府立大島職業紹介所に集まり、夜の九時まで要求提出の報告、争議団について協議を続けます。会社は当初「罷業には入らない」と問題を軽く見ていました。しかし、総罷業の決行をみて意を固め「粗暴過激の行動に出るものは断固解雇」の意を固めたようです。

翌五日、争議団は会社近く大島五丁目の空き家を争議団本部とし、一五〇人が結集、争議団長に斉藤常太郎を選出。さらに要求書提出のため丸の内にある本社へ代表八人が赴きます。大川社長、長谷川専務が不在のため、社長秘書に提出。秘書は代表団の個々に意見を聞き「諸君の意見は不統一であるので、全従業員の要求とは認められないが、一応会社で預かっておく、諸君も十分考慮してほしい」と答え、午後五時本社を出ました。

要求は以下一六項目です。
①解雇絶対反対、②歩合を本給に改めよ、③強制休業廃止、④工場設備の完備、⑤食堂の設備、⑥衛生設備の改善、⑦労災遺族へ五千円支給、⑧傷病手当の制定、⑨最低賃金の制定、⑩解雇退職手当

の増額、⑪臨時工の本工化、⑫昇給制度の制定、⑬入社、退社時間の改正、⑭争議中日給全額支給、⑮争議による犠牲者を絶対に出さないこと、⑯争議費用会社負担

最低賃金や臨時工の本工化の要求もみられ、交渉による争議解決の可能性がありました。しかし、会社は争議団の思惑を超えて徹底合理化・工場閉鎖への道を進みます。

争議支援の動きは早くも始まり、五日深夜には亀戸八丁目の日立製作所に争議団本部のビラが東京金属労組（労農党系）によってまかれました。大衆党系も独自決議を会社に提出します。他方二四人が争議に参加せず、会社に出勤しています。

プロレタリア小学校を開設

一九三〇年八月二日に始まった大島製鋼所争議は一〇六日闘われました。その中ごろ九月一六日に、大島にはじめてのプロレタリア小学校がつくられます。

学校で労働歌を威勢よく歌って、とがめられた争議団の子どもたちが学校に行くのが嫌になって学校へ行きたがらなくなり、それなら自分たちで教育しようということがきっかけです。教室は東京金属労組大島分会内で菅稔分会長宅。六畳、四畳半、三畳の三室。争議団の子弟は大島第一小学校六八人、第二小学校三四人。開校日の出席者は一年生一六人、二年生七人、三年生一〇人、四年生五人、五年生二人、六年生二人、高等小学校一年生一人の四三人、ギュウギュウ詰めだったでしょう。

「東京朝日新聞」が「争議から生まれた　初めてのプロ学校　宣伝ビラで家の壁に向かって　府下大島の新名物」との見出しで、教室の模様を伝えています。

「教室には争議の宣伝ビラが一面に貼られ、その壁に向かって子どもたちはお行儀よく座っている。一尺巾の白木の机をはさんで男の先生があぐらをかいて読み方を教えているかと思えば、そのそばでは女の先生が二尺四方位の黒板を指さして金切声で算術を教えている。」

「授業は午前九時から正午まで、午後は四年生以上の生徒に課外科目としてプロレアリア修身を教えるほか女生徒には裁縫も教えるという徹底ぶりだ。」先生は東京帝大生二人、慶応大学生など女性二人を含む六人で、みんな二二、二三歳と若い。

「全国の労働者諸君

産業合理化による賃金値下げ、首切り強制休業は資本家の注文通りにがむしゃらに行われている。……どうしても勝たねばならぬ俺達は全精力を動員してあらゆる方法を取って戦わねばならない。年老いた父母も、飢えた泣く赤ん坊も俺達と共に戦わせねばならない。父よ母よ　その苦しさを資本家に打って突けろ　赤ん坊よ　その飢えを資本家に叫べ　俺達が子供達を学校にやっておくことの出来ないのは此のためだ、……俺達はどうして子供をブルジョアの御用教育にまかせておくことが出来ようか？

学校では何を教えているか？……　『今の金持ちはみんな小さい時から苦労して勤勉に働いた偉い人なのだ。』『巡査は人民の幸福を守るものだ』……

俺達が資本家の横暴に対して官憲を向こうに回して、生きるか死ぬかの戦をしている時に子供は学校でそんなことを教え込まれていたのだ。学校の教育によれば俺達はこの世の中で最もくだらない奴であり、最も凶暴な暴漢になる、だから学校では子供が争議団に出入することを厳禁し、労働歌を唄う子供に懲罰を加えているのだ。此の反労働者教育に労働者の子弟を任せておけというのか。……俺達の行動を罪悪視する事を教えられている子供等を俺達に奪還して、俺達と同じ戦線に立たすことが必要なんだ。……今日俺達は労働者の権利のために戦う階級的正義の闘士なのだ。今こそ俺達は子に向かって勇敢に叫ぶ事が出来るのだ。『俺の進む道を進め』と」

全面臨時休業へ

九月二一日プロレタリア小学校は日比谷公園にピクニック（遠足）に行きます。大島からは市電（都電）に乗ってふだん電車に乗ったことがない子どもたちはおおはしゃぎ。帰りに日比谷公園出口に警官が待ち構えていて検挙され、子どもたちと分断されてしまいます。二九日間の勾留が終って先生が学校に戻ってみるとプロレタリア小学校は消えていました。

最初のプロレタリア小学校は短い命でした。しかし、争議は続きます。八月四日に「ストライキ＝

総罷業」に入った組合は要求を提出、会社は全面回答を拒否。六日には大島町第二小学校に加藤勘十や浅沼稲次郎（戦後社会党委員長、一九六〇年に右翼少年に暗殺）が参加する集会に六〇〇人が参加。

一一日から会社は工場を閉鎖し臨時休業突入。争議団代表四人は本社を訪問し社長秘書と面会しました。その後争議団本部への結集が悪くなり、争議指導に不満を持つ部分が反主流（組合同盟系）になっていきます。それでも争議団は組合員の結集を訴え、家庭訪問を繰り返して団結を守っていきました。

八月二八日から一週間を闘争週間とし、争議団は丸の内の本社、社長、重役の私邸などに家族ぐるみで押しかけ、さらに大川財閥の関連会社、工場への宣伝活動を展開しました。

九月五日会社は工場閉鎖・全員解雇を打ち出し、争議は厳しい局面に入ります。そうした段階で労農少年団（ピオニール）が結成されプロレタリア小学校が設立されました。

なぜモスリンとの共闘ができなかったのか

同時期に、大島製鋼所からは歩いて三〇分もかからない隣の亀戸七丁目で東洋モスリンの女工三〇〇〇人が解雇撤回を闘っていました。しかし、有効な共闘は成立しませんでした。なぜか？　答えになるかどうかわかりませんが、組合の政党系列の違いが大きかったと思われます。大島製鋼所は労農党系（東京金属、旧評議会系、山花秀雄）が主流であったのに対して、東洋モスリンは大衆党系（組合同盟系、加藤勘十、麻生久）が主流で党派争いが激しく、十分な共闘ができなかったと思います。九月二七日には団員三〇人が東洋モスリン支援に行き共闘を申し入れますが、組合同盟系のために要領を得ずに引上げて来たそうです。

争議団でも労農党（組合主流）と大衆党（反主流）との確執が激しくなり、反主流派は「俺達を苦境のドン底につき落とした争議屋をたたき出せ！」とビラを配布し、主流派の組合書記へ暴行が加えられ、六人が検挙されています。表面では共闘し、裏では党勢拡大で対立していたのです。

地域では争議中の葛飾汽船（小名木川の舟運会社・江戸川）と共同戦線をはっています。また錦糸町↓水神森↓大島↓東陽町と水神森↓モスリン裏↓西荒川間の関連会社城東電車（同じ大川社長）に対しては運賃値下げ運動を地域住民と共に闘っています。

大島製鋼（労農党）から争議中の東京鋼板（大衆党系）に共同闘争の申し入れがなされ、九月二三日には両者の応援演説会が七〇〇人で開かれ、争議団は活気づきます。家庭訪問隊の活動により、毎日一四〇～一五〇人が結集し気勢をあげました。

大阪から争議支援金、東京交通労組の激励、消費組合からは米の差し入れも入りました。

争議団屈服状態で終結

九月に大島町長による調停が始まります。争議団は「工場閉鎖反対、要求容認、解雇の場合は重役の私財をすべて出せ」との第三次要求を出します。大島町長は積極的に動き会社の専務とも会いました。一〇月に入ると砂町警察は争議団との接触を会社に求めます。しかし会社は動じません。大量の失業者を出した世界恐慌の荒波が襲ってきます。

一〇月六日には労農党（弁士大山郁夫）と大衆党（弁士麻生久）共催の大島製鋼所・東洋モスリン闘争支援演説会が一一〇〇人を集め本所公会堂で開催。二四日のモスリン「市街戦」にどう参加したかは不明です。（警視庁報告にも欠落しています。）

一一月に入ると争議団長が辞任、警視庁は会社代表を招致、会社は争議団未加入者に退職手当上積みを支給し、争議団は崩れていきます。争議団は争議打ち切りを砂町署長に嘆願し、屈服状態となります。一〇六日間続いた争議は結局労資代表による若干の解雇手当増額と解決金の覚書を警視庁で交わし、「円満解決」を強いられ終結しました。

9　反ナチ反ファッショを貫く　山花秀雄

山花郁子さんが語る父秀雄

二〇一六年二月一三日に東部労組長崎副委員長のお誘いで、関東大震災後に下町で労働運動と労農党の活動をし、戦後は労働組合の再建から社会党副委員長になった山花秀雄の話を長女山花郁子さんから直接聴くチャンスをいただきました。

一九二一年の神戸・川崎造船、三菱造船の三万五〇〇〇人街頭デモなど山花秀雄を生み出した大正時代の神戸労働運動から、弾圧されたとはいえ労働者の持つすごいエネルギーを感じました。

山花秀雄は一九二四年二〇歳のとき、関東大震災後下町に支援拠点を構えた賀川豊彦（七九頁）を頼って上京。紹介されたのが東京合同労組、本部は本所区太平町で南葛労働組合が発展した組織（左派系）でした。

山花はイズムより大衆とともに行動するタイプ。「大衆を抜きにして革命歌を唄い、酒を飲み、警官に体あたりをして革命家の気分になるのはインチキの革命家である。これからは本当の革命を考えるには大衆の中へ入らなければならない」と考えました。

大震災被災者支援でできた東大セツルメントの労働学校第一期生になります。月のうち一〇日働き、二〇日は運動をするという生活でした。また一九二六年に結成された労農党に入党し江東支部（本所区柳島本町）でも活動をしています。

一九二八年一月普通選挙第一回の衆議院選挙が行われ、無産政党からは八人が当選。このとき、山花は「寺尾牛乳販売店」（本所区）の争議を指導して市ヶ谷刑務所に勾留。釈放後、演説がうまかった山花は選挙応援に回り、会場の聴衆はいつも一〇〇〇人を超えていました。三・一五弾圧の日には早起きして千葉にオルグに行ったために難を逃れました。

四月には労農党、評議会、無産青年同盟が結社禁止に。山花は尊敬する大山郁夫とともに新労農党づくりに全国オルグへ。不屈にも二八年一二月に両国の本所公会堂（後に両国公会堂と名称変更、二〇一五年に取り壊し）で結成大会を開催。しかし、またまた結社禁止解散の弾圧を受けます。

青バス争議の車掌（久保田てるみ）と結婚

一九二七年久保田てるみが長野県から上京、新しい女性の職業である青バス車掌の職につきました。二八年七月市バスの車掌のストライキに刺激され、健康保険、生理休暇、オーバー支給を掲げ青バスの車掌もストライキに入り、てるみはその中心になって解雇通告を受けました。復職を勝ち取り、一九二九年の新労農党結成大会に勧められて傍聴参加、そこで当時二五歳の山花秀雄と二四歳の久保田てるみが出合います。山花は党の常任中央執行委員と青年部長になりました。そして「いつの間にか一緒になっていた」そうです。

一九三一年三月山花郁子さんは本所区（現墨田区）業平橋で生まれ、小学校五年まで暮らします。郁子さんの「郁」は尊敬していた大山郁夫の「郁」からもらいました。満州事変により日本の長い大陸侵攻、一五年戦争が始まった年です。前年には東洋モスリンや大島製鋼所の大争議がありました

大島製鋼所争議の前年に山花は東京金属労働者組合を結成して委員長になっています。政党活動と

労働組合活動の両刀遣いです。その結果でしょうか、警察に検束された回数はなんと一二〇回を越えました。

「一年の三分の一はどこかのブタ箱で暮らしていた。だから生活費は困らないわけだ。当時はね。生活といっても労働組合で給料というものはもらったことがないんです」と山花さん。「家に帰ってくれば、ああ帰ってきたな、帰ってこなければ、ああまたどこかに行ったんだな」とてるみさん。娘の郁子さんは、「いつも警察に引っ張られているからお父さんは悪いことをしている。」と思ったことも。そのとき小学校の先生は「悪いことはしていないよ」と励ましてくれました。「スパイの子か、どろぼうか」と言われたこともありました。そのときは、夢中で雪をつかみ、言った上級生に投げつけたそうです。

下町から全国へ

一九三一年一〇月対華（中国）出兵反対大演説会が本所公会堂で開かれます。一二月には全国労農大衆党第二回大会が「帝国主義ブルジョアジーに対する反ファッショ闘争の運動方針」を採択。山花は常任中央執行委員・国際部長になります。

しかし、党内で戦争賛成派が増加、三二年七月には社会民衆党と全国労農大衆党が合同して社会大衆党が結成されます。山花は加藤勘十たちと全国労農大衆党を脱党して、労働組合運動に専念することになります。総評を中心に東交を含む日本交通総連盟、東京市従などによる戦線統一懇談会を結成。八月から一二月にかけては江東映画支部東電気館争議を闘いました。

その後も山花は戦争反対、反ナチス・ファッショの合法左翼の政治的闘いと労働運動を展開。三三年に総評、統一会議、東交、東京市従などによる関東労働組合会議を結成し、合法左翼戦線の統一を追求しました。三三年六月には反ナチス・ファッショ粉砕同盟を結成、七月には反ナチス・ファッショ排撃民衆大会を本所公会堂で開催、一〇〇〇人が参加、警察の弾圧に抗議した山花さんは責任者として逮捕され二九日間の勾留処分を受けました。これにハンガーストライキで抗議したら、中野の豊多摩刑務所に入れられてしまいました。

三四年二月には東京市の新税に反対して「勤労市民税反対協議会」を結成、三月本所区の区議選に立候補しますが落選。

五月、合法左翼労働組合戦線の統一として江東地方労働組合会議を結成、総評、統一会議、全関、関東一般、江東一般、江東従協が参加しています。一一月には五八組合、約一万三〇〇〇人が加盟する日本労働組合全国評議会（全評・加藤勘十委員長）が誕生し、中央執行委員・財政部長になりました。全評は「総同盟の労働組合主義に対して階級闘争主義による」統一をめざし結成されたものです。松岡駒吉や西尾末廣に率いられた右派の総同盟を「労働組合主義」と批判し、全体的な統一には至りませんでした。唯一、三一年、三四年と続いた東北飢饉救援にイデオロギーを乗り越えて全無産団体東京協議会へ結集します。

三四年のメーデーは左派が二五〇〇人、スローガンは「労働者農民の敵ファッショを粉砕しろ」「民族・性・年令を問わず同一労働に同一賃金をよこせ」「臨時工を即時本工にしろ」「首切賃下げ労働強化絶対反対」。

右派は三五〇〇人で楽隊を先頭に葬式デモ、「一等国らしく労働賃金を引き上げよ」「政府は軍需工場の不当利得を取締まれ」「労働組合法を制定せよ」「健全なる労働組合主義の確立」で大きくかけ離れていました。

三五年一一月には深川木場で製材労働者生活擁護労働者大会が開かれ、生活擁護同盟が結成されます。このころ江東地区には江東一般や江東地方従業員組合協議会などの組織ができています。

全国を飛び回っていた山花秀雄に対し、妻てるみは三四年の東京市電人員整理反対・賃下げ反対ストライキの応援団に。当局案の撤回を求めて市長宅夫人へ申し入れ「一か月二六円では生活できない。同情の言葉を聞きに参ったのではない」と訴え、そばの子どもや赤ん坊が泣く始末となりました。

一九三六年二・二六事件の当日に長男貞夫（後に弁護士、元社会党委員長）が誕生。

三七年七月日中戦争勃発の日に帝国主義戦争反対の大演説会を本所緑小学校で開催、これは戦前最後の大演説会となりました。一二月には人民戦線事件で逮捕され二年間投獄されます。官憲からの転向の誘いに対して、てるみからの「転向するな」のメモを心にして非転向でがんばりました。

バス車掌の仕事と争議

久保田てるみが山花秀雄と結婚する前の仕事は派出看護婦でした。そこでの労働は病院とは違います。事務所は麻布六本木。利用者は「ブルジョア家庭で気位が高く、病人も我儘で看護婦を対等の人間とみなさず、女中代りに雑用を言いつけたりすることが珍しくなかった」のです。束縛される泊まり込みの看護、自分の時間が取れない労働に不満を持つようになり、街頭の看板で見つけた、一日八時間労働、制服支給、満一五歳以上、日給九六銭という青バスの女子車掌募集に応じました。

三〇人の募集に一〇〇〇人以上が応募、口頭試問と作文試験にパス、上野営業所で一か月の研修、空車に乗って停留所を覚える実地訓練、その上で警視庁から免許証がおりました。私営青バスの新宿営業所→築地→東京駅が仕事のコースです。六日ごとに公休一回、公休日出勤は二倍の賃金、早出などには特別手当がつき、一日フル乗務を希望して収入を得ることもできたそうです。月収にして五〇円は当時としては高い賃金でした。

一九二八年七月、市バス円太郎の車掌一〇〇〇人以上が男女差別待遇撤廃要求でストライキに入りました。私営の青バスでも健康保険獲得、生理休暇、オーバー支給などを要求して、ストライキに入りました。てるみはストの中心で活躍、会社からにらまれます。下宿の主人が無産政党関係者で「資本論」を読むようになります。難しいところもありましたが、婦人の解放を含め労働者全体の解放を歌い上げるマルクスの思想が少しずつ理解できるようになります。築地小劇場に通い、ゴーリキーの「母」や「どん底」、レマルクの「西部戦線異状なし」などが自らの生き方を励ます刺激になりました。

突然会社から解雇処分を受けますが、仲間たちや乗客からの復職運動がみのり解雇は免れました。やがて労農党大山郁夫委員長の右腕といわれた山花秀雄と「いつの間にか一緒になっていた」そうです。一九三〇年に結婚、その後も出産まで仕事を継続しましました。

『大正期の職業婦人』（村上信彦著、ドメス出版、一九八三年）によると、車掌の仕事の問題に「不足金弁納制度」がありました。これは一日の切符の売り上げ額が実際受け取った金額より多い場合、その不足分が給料から引かれ、逆に受け取った現金が多い場合には会社の利益として収める制度です。戦後にまで続いた会社もありました。

第二の問題は「服装検査」です。仕事が終わって退社をする前に車掌は必ず営業所の風呂に入らなければならない制度で、その間に女性の検査官が衣類を調べ、着服した不正金の有無を調べました。市バスが都バスに代ってても続いたそうです。私営バスはその後、車掌をホールドアップの体勢にして胸、腹、ブラウス、スカートの検査をする人権侵害を続けました。

さらに、てるみさんによると、①生理休暇はストによって三日間取れるようになったが、無給のためよほど苦しくない限り休まなかった、②戦後私営バスで一般化する、車掌による車体清掃はなかった、③食事やトイレに行く時間で苦労はなかった、④運転士が車掌を私用に使うこともなかったそうです。「当時職業婦人として収入が多かったのは看護婦とバスの車掌。大げさに言うなら、大変モダンな感じで眺められた」と回想しています。

当時の車掌の仕事と比べると戦後の車掌の仕事は、車体清掃、食事時間、トイレ時間と場所、運転士の私用に使われるなど、劣悪化しました。今ではワンマン運転化され、女性運転士も見かけます。「男女均等待遇」は保障されているのでしょうか?

てるみさんは、結婚後は帝大セツルメント消費組合で働くことになります。

10　東京交通労組の争議

世界大恐慌は東京市電の労働者にも大きな負担を強制してきました。一九二九年一二月電気局は市電従業員に賞与二割減、昇給無期停止を提案、市電従業員一万余人は一斉に全線ストに立ち上がり、警視総監の調停により賞与一割削減、昇給一期間の停止で解決。

しかし、翌年度の東京市の予算案はこの調停を無視し、再び賞与一割減、昇給無期停止を組み込み、賃金切り下げ、歩合低下、職制改革による大量解雇、不当処罰の攻撃を仕掛けてきました。これに対し東京交通労組（東交）は再三再四当局に抗議しましたが、誠意ある態度が示されません。市議会も三月三一日市予算案を可決。東交は四月一日に満場一致以下の要求書提出を決定します。

一　賞与一割減絶対反対
二　震災手当の即時支給
三　臨時工五〇人の馘首取消並びに解雇手当の増額
四　恩給一時金の選択の自由

この要求に当局は四月六日全要求を拒絶、組合は一〇日中央委員会でさらに以下の要求を決め、一二日追加提出します。

一　少年車掌の停年制適用廃止
二　職制改革に伴う賃金値下げ反対
三　不当処罰反対

一斉に総罷業を断行せよ!

当局はこれも無視。組合はストライキ体制へ一九日指令を発します。

「◎二〇日始車より一斉に総罷業を断行せよ!

イ　一九日中に始車の組を全部引上場所等に引上げさせよ。先頭出勤の喰止めを完全に行う事に全力をあげよ。（略）

△車庫、軌道、工場、電力は各自計画通りの方法に出でよ、断（行）。

△ブル新聞、逆宣伝を信ずるな、指令を最後まで厳守せよ。」

この指令から、今回のストライキが東洋モスリン争議のような工場占拠とは異なり、「引上げ場所」への籠城であることがわかります。同じころ出来たばかりの東京地下鉄一九三二年の初ストライキは電車を占拠して上野車庫から電車を出させないかたちでした。

四月二〇日早朝より市内交通機関は一斉にストップ。二日目にはスト未参加の支部も参加し、一万二五〇〇人の大争議となりました。当局の青年団、在郷軍人会などによるスキャップ（スト破り）は運転不慣れで交通事故が続出。当時地下鉄は浅草雷門－万世橋のみで、都心部は市電の天国、その市電がストップとなれば大混乱は必至でした。

批判は当局、警視庁へ

市電大ストライキと交通事故続出による市民の交通不安は極度に達し、市民の批判は市当局や警視庁に向けられます。「争議首脳部は巧みに『官犬』の追及の網の目を逃れ、時々刻々の情勢に応じた指令を発して、争議団の結束と士気の鼓舞に全力を集中した」(篠田八十八『東京市電の大争議』)。指令第九号には「局長の奴ら面喰って各従業員の自宅へ速達を出して、出勤命令に従わぬと馘首するとオドかしている。この際アンナ奴の命令なんか一人も聞く者が居るものか、笑ってやれ」と争議団は意気揚々です。

争議は市電の電燈電力や東京市従へ、神戸市電が委員長の解雇問題で総罷業に、さらに大阪など全国ゼネストへの広がりを見せます。

市長に委任し、争議惨敗へ

警視庁は争議団の解散命令を発し、弾圧や争議団分裂など懐柔が広まります。三日間のストを闘った東交は組合を守るために、市民への声明書を出し新たに八項目要求を示します。二四、二五日と市長と交渉し、市長は「争議を打ち切れば誠意を持って解決せん」と言明。争議団は六日間の争議を悪戦苦闘の末打ち切りました。「同志諸君！　鉾は収められた。だが、我々の生命のある間、労働者の解放されざる間、我々の闘争は継続される。直ちに再起の闘争に移らなければならない。」指令第一六号は次の闘争を呼びかけます。

堀切市長と筧電気局長はストの責任を負って辞職しました。

11　賛育会とあそか会

無料診察から始まった賛育会病院

賛育会病院は錦糸町（墨田区太平）にあります。「わたしはここで生まれたヨ」という声をよく聞きます。賛育会は「一九一七（大正六）年に東京帝国大学キリスト教青年会（東大ＹＭＣＡ）の有志が貧しい庶民のために無料診療を行ったことが、はじまりでした。」（賛育会ＨＰ）その中に初代病院長になる河田茂博士がいました。医療は金持ちのもの、庶民には手が届かない時代です。

一九一八年三月一六日、賛育会はキリスト教精神である「隣人愛」に基づき「女性、子どもの保護・保健、救療」を目的に、初代理事長木下正中博士、医院長河田茂と大正デモクラシーの代表者吉野作造博士を指導役として創立されます。四月一日、古工場を借りてベッド一つの「妊婦乳児相談所」を開設、これが賛育会病院の最初でした。翌年、庶民を対象とした日本初の産院が開設されました。

一九二三（大正一二）年九月一日、昼前、関東でマグニチュード七・九の大地震発生、賛育会本所産院（現賛育会病院）を容赦なく襲います。

三三歳の河田茂は産院の食堂で昼食中、食堂の隣の託児所の子どもを避難させ、二階の入院中の産婦一〇人も壁が落ちるなか救援。三五〜三六人の乳児、産婦、託児所の子どもが助かりました。しかし、産院は消失、河田は呆然としましたが、ただちに救援班を組織し、テントによる臨時の産院を設けます。その後も、産院の再建に尽力し、仮建築の産院を元の場所に建てます。無償の慈善事業から有償の社会事業に転換していきました。

関東大震災後に東京帝大学生による救護活動や借地借家調停が始まり、翌年賀川豊彦からその継続を求められ、賛育会のとなりの柳島に東京帝大セツルメントがつくられます。

一九四五年三月一〇日、今度は東京大空襲が賛育会を襲います。患者を炎の海の中、避難させることができましたが、施設はすべて焼失。戦争に次々と医者も出征し、関東大震災時のように再建は難しく、空襲後二日後に焼けただれた賛育会病院の屋上で解散式を余儀なくされました。しかし、戦後一九四六年に戦地からスタッフが帰還し賛育会病院の復興が始まります。

あそか会の設立

関東大震災被災者救援から始まるあそか会病院は、貧しい人々が住んでいた江東区の猿江に設立されました。賛育会はキリスト教徒が中心ですが、あそか会は仏教（浄土真宗）の西本願寺の九条武子たちによって、一九二三年の関東大震災後被災者の救護所を上野、日比谷、江東に設けたのが始まりです。

あそか（無憂華）は仏教の三大聖樹の一つ。九条武子の歌集「無憂華」の印税をもとに、一九三〇年に現在地（当時は深川区猿江裏）に鉄筋コンクリート三階建病院を開設します。二〇〇坪の土地を同潤会（大震災後の住宅建設を進めた公的団体、同潤会アパートが有名）から借りました。

四二歳の若さで亡くなった武子の遺志を継いで、土地探しや資金集めなど、苦労して病院建設を進めたのが看護婦田中もとでした。病院経営や社会事業などあそか会の基礎をつくります。三五年には財団法人になりました。

三四病床で診療科目は内科、外科、小児科、産婦人科、耳鼻科、眼科、歯科。診療は無料と有料があり、自治体発行の施療券を持参すると無料になりました。貧困の妊産婦は無料でお産をし、産後も一〜二週間病院で過ごすことができ、乳児にも目が届きました。その結果地域の死産率や乳児死亡率は確実に減っていきました。

二つの病院建設にキリスト教、仏教と宗教が根本にあったことは考えさせられます。

12　玉の井の〝女性労働〟

関東大震災で浅草から移転

一九八八年まで東武線に「玉ノ井」という駅がありました。今は東武スカイツリーラインの東向島駅で、古い蒸気機関車や日光特急電車を展示している東武博物館が隣接しています。

玉の井は関東大震災で被災した浅草の銘酒屋が移ってきた地域で、東京大空襲でも大きな被害を受けました。永井荷風の有名な小説『濹東綺譚《ぼくとうきだん》』（一九三七年）の舞台となった私娼窟玉の井は「抜けられます」と書かれた陋巷迷路《ろうこうめいろ》の街、荷風は執筆のためか、連日のように通っています。

玉の井が栄えたのは関東大震災後から売春防止法が完全施行された一九五八年までのわずか三〇余年でした。売春防止法によって街はがらりと変わり、今はその面影はほとんどありません。

ここには主に東北の貧しい農家出身の女性たちが前借金で売られ、連れてこられました。あるいは、女工として東京に就職した後に企業閉鎖解雇となったために玉の井に来た例もありました。一九三五年の警視庁調査では総数九一七人（二～三〇〇〇人いたともいわれている）のうち、東北出身は四〇四人（四四％）を占めています。

暴利をむさぼる搾取構造

迷路となった狭い道に娼家は並び、三〇センチ四方の小窓から「ちょっと、ちょっと、お兄さん」「ねえ、ちょっと、旦那」「ちょっとここまで来てよ、お話があるの」と言ってお客さんを店に引き込んでいったそうです。客室は二階に三部屋ほどあり、間取りは三畳に四畳半か六畳程度でした。

小窓に座る女性は各娼家二人の規約がありました。しかし、実際には守られなかったようです。時間はショートタイム（ちょんの間）が一五分程度、ロング（時間）、泊まりの三つ。多くの女性は前借があり、拘束されていました。借金を返した後でも、毎日家主や地主あるいは抱え主に揚銭を払わなければなりません。休んでいても払わなければならない厳しいもので、住み込みで休日もない状態でした。

地主、家主が得る権利金は膨大で玉の井御殿を建てた者が一五、六人もいました。他方、娼婦たちは性病になる危険が高く定期的な検診がありました。半病人になっている娼婦に足袋もはかせず着物も薄物で、雇主は客を取ることを強制しました。

金銭的な対立、中間搾取、年数契約の不履行、業者と結託して着物を高く売りつけるなどの搾取に対して挑戦したのが南喜一です。南は南葛労働会、共産党の活動家で、弟吉村光治は亀戸事件で殺されました。

「女性向上会」を設立

南は当初地域労働者を組織するために駅前に「江東地方工場連絡委員会」事務所を設けます。しかし目の前で起こっているあまりにひどい女性たちの環境に憤ります。女性たちの救援に三二年七月、南は「女性向上会」を設立し、「玉の井戦線ニュース」を発行、一時は半数の娼婦を組織化します。話を聞くと女性たちの家にのり込んで直談判、金を渡して証文を取るやその場で破り捨てました。

解決後玉の井から抜け出させ帰郷した女性は三三年八一人、三四年一三六人いましたが、親元で働いている女性はたったの二人。女性たちは一か月もするとまた玉の井に戻ってきたのです。他方女性向上会は銘酒屋組合に認められ、南は運動の方向を待遇改善に転換し「東北子女売買問題」を無産政党、労働組合と共同してつくります。

13　華やかな女性の憤慨

松竹レビューガールの不満爆発

「あたし達の部屋は南京虫としらみと、のみの巣だヮ」「鮭と沢あんばっかりの弁当じゃ栄養カロリーが不足だヮ」「月給と舞台手当を合わせてもおしろい代はおろか電車賃にだって足りないのよ」

一九三三年六月、華やかな舞台でレビューを踊る若い女性たちが待遇の悪さに不満の声をあげました。松竹座は浅草国際劇場があった場所、今は浅草ビューホテルになっています。(太平洋戦争中には風船爆弾の製造工場となり、東京大空襲時に爆弾が投下され、戦後解体時にはグニャと曲がった鉄骨が屋根裏に残っていました。「再び許すな東京大空襲！　下町反戦平和の集い実行委員会」は被爆鉄骨の保存を求め、現在両国の江戸東京博物館に展示されています)

決起した争議団委員長は「男装の麗人」といわれた水の江瀧子。ことの発端は、松竹座の音楽部員(楽士)三〇人が「不当解雇反対」「減給反対」の争議に入り交渉中に、自分たちもと立ち上がったのです。

トイレ改善、定期昇給を嘆願

水の江瀧子、吉川秀子、小倉みね子のスター以外にも当時の踊り子二三〇人(歌劇部)が参加。二つしかないトイレや低賃金に対し、「退職金の支給」「定期昇給の実施」「最低賃金制の制定」「衛生設備・休憩室の改造」「公休日・月給日の制定」などの要求を嘆願書にまとめて音楽部員と共に六月一四日に松竹本社に提出しました。

この頃、関東大震災の後に「エログロナンセンス」の時代が到来し、女性の足を見せるレビューの人気が高まっていました。しかし、水の江、吉川、小倉のようなスターでさえ、月給八〇円から一〇

松竹レビューガールの争議（1933年6月14日 日本電報通信社撮影）

〇円、一般の踊り子（女生徒、レビューガール）はわずか一〇円〜二〇円程度でした。研究生になっても半年は無給だったのです。当時の巡査の初任給は四五円でしたからお話にならない低賃金です。

しかし、会社は一部を認めたものの音楽部と歌劇団との分断をはかり、一六日からはロックアウトに。これに対して争議団はストライキで対抗しました。

スターが先頭に立った争議への支援は全国に広がります。争議団の演説会にはファンが大挙押しかけ、資金カンパや激励の手紙もあいつぎ、歌劇団の父兄会、後援会、同時期の東洋モスリンと同じ全国労働組合同盟系の労組も支援しました。

松竹は水の江瀧子を解雇

争議は長期化し、松竹は水の江を含む数人を解雇しました。さらに、歌劇部を解散して会社直属の少女歌劇団の設立をはかり、歌劇団の切り崩しをはかります。水の江たちは七月一日から湯河原温泉に貸別荘を借りて立てこもり。ここにもファンがお菓子やうどんを差し入れに。これまで休暇が取れなかったので劇団員たちはピクニック気分を楽しみました。

しかし、水の江は女優の原泉（作家中野重治の妻）とともに七月一二日に思想犯として特高に検挙され警察署に留置されます。ここでも水の江は抵抗し、一日で釈放。会社との交渉が再開し一六日には覚書が交わされます。しかし、会社は水の江含む一〇数人を謹慎処分にしました。

この間に、水の江は日比谷公会堂でワンマンショーを開き多数の観客が押し寄せます。他方、松竹の新生歌劇団は不振が続きます。会社は水の江を戻すしかなくなり、水の江は残った八人全員を戻すならば、との条件を付けて復帰を勝ちとりました。

同じころ、無声映画から音が出る映画に時代が変わり、解雇された活動弁士の争議が一九三二年四月に浅草で起きます。無声映画の時代が終わり、弁士の解雇が続いたのです。

14 保育所をつくり働く

亀戸に「無産者託児所」 鈴木俊子

関東大震災後に柳島（墨田区）にできた東大セツルメントには託児所が開設されました。下町は貧しい人々が多く、共働きがあたり前でした。しかし公立の保育園、託児所は少なく、『江東に生きた女性たち』には地域でつくられた託児所、保育園が紹介されています。

一九三〇年の東洋モスリン争議後に、江東地区では次々と保育園が女性の手でつくられていきました。三二年には「無産者託児所」が亀戸一丁目の五の橋そばに鈴木俊子たちの手で設立されます。生活が破壊された昭和恐慌下で「どんなに苦しくても子どもだけは正しく丈夫に育てたい」という願いがこめられました。設立準備会には、教育団体、労働組合、文化団体から、羽仁説子、大宅壮一など約五〇人が参加。鈴木俊子は主任保母に。夫は戦後の日本国憲法に大きな影響を与え、映画「日本の青い空」の主人公鈴木安蔵です。開所後、鈴木俊子は住み着いて働いたそうです。

亀戸一丁目の長屋に住み賛育会で長男を生んだ松田解子はこの無産者託児所に子どもを預け、一個二銭の内職をしながら、出産の様子を小説にして「読売新聞」の懸賞でみごと入選をはたしました。松田解子は一九三二年の米よこせ闘争を『回想の森』に、『女性線』には江東の労働者の生活を描いています。

「子供の村保育園」平田のぶ

一九三一年には平田のぶが、建設間もない白河三丁目（江東区）同潤会アパートの一室を借りて「子どもたちを地域のなかで生き生きと自由に育てたい」と「子供の村保育園」を設立します。

平田のぶは、広島で教師を経験、上京後は池袋で児童の村小学校の教師、教育雑誌の編集、消費組合運動、婦選運動にかかわりました。自分の子を亡くす体験、児童の村の経験を活かして、子どもの自主性を大事にする保育園づくりをすすめます。

母様学校や父様学校をつくって子ども社会だけではなく社会全般から自治の精神を考える場づくりもすすめました。空襲で焼けたあとは青空保育を続けたそうです。

二葉保育園深川母の家

江東区には海辺でないのに「海辺町」があります。昔は海辺だったのでしょう。そこに「二葉保育園深川母の家」が一九三五年に設立されます。

母の家は「其の行きづまりは死か堕落か」と切羽詰った母子のシェルターとして、四谷にある二葉保育園の徳永園長が友人の援助を得て、深川区海辺町に設立したものです。

施設長となった原藤英子は、親身になって母親たちに仕事をあっ旋します。早朝からの市場での仕入れと仕出し弁当づくりや家政婦の仕事、子どもたちは学校や保育室に。夫に死なれ長野から娘二人を連れて住み込んで働く母親、娘が保育園で働くようになった例もあります。

三月一〇日の東京大空襲で丸焼けになり、原藤施設長はじめ、職員五人、母子一六人が犠牲となりました。

朝五時から午後六時までの保育

工場内での託児所、保育所に加えて隣保館にも託児所があって、保母はそこで寝起きしました。公立託児所は一九二三年以降富川町、古石場などに設立されますが、保育は母親の仕事に合わせ長時間労働でした。虚弱児童を君津や谷津に転住させ、体重を増やすことも行いました。無産者託児所は弾圧を受け、開設二～三年後に閉鎖を余儀なくされました。

15　地下鉄争議・もぐらのうた

東京地下鉄の争議・前史

日本最初の地下鉄として一九二七年一二月二〇日、上野と浅草間のわずか二・二キロメートルが開通しました。現場従業員は五〇数人のスタートでした。

地下鉄の計画は山梨県生まれの早川徳次が同郷の根津嘉一郎（東武鉄道の創始者）の協力を得て、一九二五年九月に起工。地表から掘って切り開く開削工法ですべて人海戦術でした。

開通の半年前に、会社は根津と早川の郷里である山梨県内で労働者の募集を行い、農家の子弟三〇〇人ほどが応募、高等小学校卒業程度の試験と口頭試問により、一七～三〇歳の男性三三人が採用されます。
会社は近くに寮として普通の家を借り、五班に分けられました。初日は明治神宮を参拝し社長の話を聞きました。二日目からは、講義と実習で日給一円が支給されました。学科は七月から車両、信号、軌道、電気、運転。実習は一〇月から入り、省線（国電）蒲田車庫で朝八時から夕方五時まで運転練習を二十日間、二一日からは原町田と東神奈川の間で試運転教習をしています。車掌は実習のため省線の各線に配置されました。
一一月には地下鉄構内に車両が入り、毎日車両みがき、雑巾がけ、変電所の磨き掃除、砂利かつぎ、夜の警備巡回まで大変でした。
開業する一二月からは上野と稲荷町間で試運転、車掌はドアエンジンの訓練。一七日には教習所の卒業式を迎え、会社規約厳守の宣誓式も行いました。給料も決まります。
運転手　日給一円六〇銭～一円七〇銭
車　掌　日給一円五銭～一円六銭
募集広告より一〇銭安いことに不平が生じます。地下労働は非衛生的、過労も加わり目が見えなくなる労働者も出てきました。会社は舎監を置き「泉の花」という修養冊子を持ち込んで問題のすり替えを行いました。

一日一三時間の超長時間労働

休暇は一〇日に一回、労働時間は午前出が午前六時から午後三時に残業五時間が加わり午後八時まで、午後出は午後三時から翌日の午前〇時に午前一〇時からの早出が加わり、一日一三時間の超長時間労働です。

開通の翌年一九二八年三月、運転手一二、三人が以下の嘆願書を会社に出します。

①初任給が新聞広告より一〇銭安い
②運転手、車掌共日給に差があること
③衛生設備が悪く、詰所もないこと、等

会社からの返事はありません。一二月に以下の再び嘆願書を提出。

①一〇日に一回の公休を六日に一回に
②勤務時間を六時間に（一〇時間を）
③詰所（きたない）の改善を。
④隧道（トンネル）に散水を（ホコリが多い）
⑤青服（軍服を思わせる）を撤廃し普通の詰襟に。

今回は車掌も参加、終車後寄宿舎に集まり、翌朝要求書として提出、返事がなければサボタージュに入ることを申し合わせました。

サボタージュへ突入

翌朝、会社に要求書を提出します。しかし要領をえない返事。午後からサボタージュに突入、通常なら五分の上野－浅草間を三〇分くらいかけての運転です。会社は本社から運転できる社員を派遣してハンドルを取り上げて対抗。運転手たちは寄宿舎に引上げ籠城。会社は運転手一二人に解雇を通告。残りの七人には切り崩し攻撃がかけられ分裂状態に。

そこへ警視庁の調停官が現れ、八時間労働と残業一割増、公休八日に一日、慰労金などにより急転直下和解へ。被解雇者一二人のうち四人は復職ができず、毎日荒れる生活となり分裂状態に陥り、停滞を余儀なくされました。しかし、職場での「活動」は続き、地下鉄争議の灯が灯ります。

警視庁が調停に入って解決した一九二八年、会社は労務対策として社内の相互扶助組織・茶話会をつくります。一九三〇年には市電の労働者が変装して「労働時間は六時間、最低賃金を二円にしろ」というガリ版ビラを改札に置いていきました。会社はあわてて「市電はストがある。ストをやる奴はバカだ。全線開通したら社宅も建てるからつまらない扇動にのらないように」と非番を集めて訓示を述べました。しかし、みんなはかえって、会社が儲けていること、ストを怖がっていることを知ったのです。

全協オルグとの連絡

一九三一年、共産党の指導下にあった日本交通運輸労組のオルガナイザー永田耀は地下鉄の組織づくりを始めました。後に分会長になる津野勇の家を訪ね、職場の状況を聞きます。茶話会への不満から自分たちで委員を出して、目標を「スポーツ道具の購入費を会社は補助しろ」にします。同時に、うどん会ができていきます。うどん会は寄宿舎入寮者をうどんで歓迎する会が出発点です。徴兵制の軍隊から除隊したうどん好きな相良が参加していました。

軍隊から戻った運転手の相良の賃金は一円四〇銭が一円一五銭に下がっていました。彼より後輩が一円三五銭と高く、賃金は人によってバラバラだったのです。

三〇年九月の神田駅開通を目前に、浅草駅~万世橋駅往復を二五分から二〇分にする指示が出されます。そのためには、本勤務一四回を二〇回に、予備勤務一二~三回が一八回になり、労働強化です。「これでは身が持たない」と病人が続出、不満が高まっていきます。地下は日光がなく、湿気、ほこりが多く健康を害する労働者が増え、解雇も出ました。駅入り口の煙草売店には女性が一一時間労働で採用されたものの、経営がストアーに移され予告なしに解雇されました。

浅草駅で地下鉄と東武鉄道が連絡する切符の販売が始まり、途中駅の小さなボックスで販売する女性社員を七人採用。労働時間は朝六時から夜一一時まで、翌日は休み。もう一人は朝九時から夜八時までの食事、休憩の交代係。「一日おきの仕事で休める」と思ったものの、ムッとした空気とガンガン響く電車の音の中、朝から夜中までの労働で体調を崩す労働者がでてきます。

さらに一日一円の給料が九〇銭しかありません。ストアーが七〇銭だから少し待ってくれとの会社の言い訳に声を出して反対はできなかったのです。便所が一つもなく松屋に駆け込み。とくに生理のときは大変でした。

こうした職場環境の中には多くの「要求」がありました。寄宿舎にも「ガス、水道をつけて」「枕を一つずつ」「部屋を増やして」などの要求があり、室長をつくって交渉にあたり要求を順次獲得することができました。

組合の結成

一九三一年一二月、茶話会の役員選挙、うどん会の活動などの討議のために、津野は永田オルグと相談して、組合分会を一二人で結成します。分会責任者に津野、常任委員三人には運転手・車掌・駅員、会計など決め、共産党、共産青年同盟、赤色救援会の支持も全員で承認しています。

続いて女子分会が五人で発足、二人が地下鉄分会の常任になります。更衣室、休憩室が女子にない、一番切実な要求は便所問題です。基本的人権の問題です。売上金不足のときは弁償をしなければならない問題もあります。

職場のより多くの労働者が参加し日常活動をすすめる工場委員会の方針に沿って、地下鉄では従業員クラブを方針化します。同時に「大衆と結びつくサークル活動」を野球、映画、観劇、ピクニックにより進めました。地下鉄大争議の始まりです。

一九三一年一二月の組合結成以降、便所がないなど切実な問題をかかえた女性たちは、「給料を男子並みの最低一円一五銭、便所を各駅に、出札手当三円、生理休一週間、事務服夏冬二着」など要求を討議、カムフラージュに三味線をつまびいたそうです。三二年三月一二日には駅員、一五日には車掌、運転手のストライキ準備委員を選出、要求討議を終了します。

スト決行！　車庫占拠へ

ストライキの方針討議は郊外のある家で行われ、全協永田オルグはじめ、市電、国鉄などのオルグも参加しました。全協系労組の指導は非合法の共産党です。車庫の出入り口を車両で封鎖する戦術を討議するなど秘密裏にきめ細かい準備が進められました。

「ストライキの場所として車庫を占領する、スト費用として三日分を集め一週間から一〇日の決死的闘争を頑張る、闘争日誌を発行して全員の意見を反映させる、応援委員会をつくる、未組織へのビラまき、家族を引き込む、食料品の買い込み、無産者診療所との連絡、弁護団との連絡、市民へのゲキ、警備隊の編成、電気、掃除、変電所などへの闘争拡大」などを討議決定します。

スト決行日が一九日と決まり、車庫占拠へ電車を地下から地上車庫へ出る所に止め、食料品を積み込みます。車両は全部で四両。一両車が闘争車、二両車が女子部、三両車が中央部（各専門部、食料部）、四両車が休憩車です。

二〇日午前一時半にすべての準備が整い、全従業員大会が開かれました。争議団の結成が宣言され、団長（男子津野勇）副団長（女子赤塚正子）を選出。自衛団長、五班の班長を決め、警備を車に配置し、大会では要求が確認されていきます。午前二時に嘆願書としてまとめた要求書を運輸課へ提出しました。しかし、監督がいたものの電話が通じないので、午前五時ごろに再開を約束して交渉委員は引上げます。

二〇日午前六時の始発から浅草・神田間の電車はストップ。ストには「俺たちにも不満があるんだ」と電気や清掃から新たな参加者が加わります。電車の先頭には赤旗が立ち、青い美しい早春の夜明けの空に、労働者のたたかいの旗が上がりました。

籠城電車のなかは解放区のように、メーデー歌、団結のうた、赤旗のうたと、何でも自由です。踏切には人垣ができ、その中にはカンパをしてくれる労働者がいました。

二一日の新聞はいっせいに「突然の争議に会社大狼狽、全車両は車庫に缶詰、手の下しようがない」と「地下鉄罷業」を取り上げます。警官も増え八〇人余に。会社は何とか電車を動かそうとしましたが、思うようにいきません。

組合大勝利！　一か月後に大弾圧

電車のなかで交渉が始まります。警視庁の調停課長や地元警察署長などが立会い交渉は三回ほど行われました。会社は「出征兵士に軍隊から支給される金額を引いた給料全額を支給する」など譲歩をしてきます。しかし、組合員の団結は固く、女子の生理休暇」など未解決のまま交渉は決裂。二三日には会社は巻き上げ機を使って籠城電車を強引に引っ張り上げようとします。争議団はバット、木刀などで必死に抵抗し、にらみ合いになります。やがてみぞれが降ってきました。

二三日夜警視庁のあっ旋が入り、会社は大譲歩をします。「上野駅に便所を設ける、女子出札手当二円、トンネル手当二円」など二一の解決条件を示し、七人の交渉委員は電車に持ち帰ります。「万歳、万歳」の声が籠城電車の天井をゆるがし、労働者の大勝利に終わりました。

しかし、一か月後に闘争の中心を担った男女四六人が官憲によって逮捕され、組織はたちまち崩壊してしまいました。

16　東京電燈の組合争議

東京電燈の組合結成

一九二六（大正一五）年の前年二五年には普通選挙法が成立、半面で治安維持法が可決。二六年には労組結成がすすみました。

戦後東京電力となる東京電燈では前年一一月に秘かに従業員組合が結成され組織拡大を進めます。やがて組合活動は表面化し会社は組合つぶしを始め、西村祭喜委員長を呼びつけ「組合を解散するか、さもなくば辞職願を出せ」と強迫、委員長は「労働者が労働組合を組織するのは正当な権利である。それを干渉される理由もなければ、したがって組合を組織したが故に辞職する理由はない」と拒絶。四月一五日会社は二人を解雇します。

翌、一六日に二三〇人の代議員が参加して「電気産業の社会的使命を完全に果たすための生活の安定と向上」を宣言し創立大会を開催。本部を下谷区御徒町におきます。翌日本社に①組合を承認すること、②組合結成にあたり犠牲者を出さないこと、③従業員の待遇改善の嘆願書を提出しました。会社の組合つぶしを職場の組合員ははねつけます。四月二二日、会社社長と副社長の二人と組合代表一二人による交渉が行われ、二三日の回答は、「組合は認めない、要求条件を明示せよ」というもので、期待を裏切るものでした。

組合から「東京市電気局（市電）では組合を認めているではないか」と詰めよるも「組合承認は団体交渉権を認めることになる」（戦後の日本国憲法ではあたりまえ！）と会社は拒否。結局以下の回答が示されます。①重大問題なので時期を待つ（今は組合を認めない）、②一とからむので言明できない、③趣旨にそって努力する。これでは組合は納得できません。交渉を打ち切ります。

組合結成を認めない会社

こうした状況は、逐次警視庁から内務大臣や東京警備司令官などに報告されました。官憲は組合の裏に「政治研究会」があって画策し「そうとう紛糾する」ととらえていました。組合は、社長との交渉が実現したことをもって「過去半年間の隠忍持久的組織運動の結果、公明正大な主張のもとに組合が承認されるに至った」と評価し、「組合加入は自由になった」と、加入を呼びかけるチラシ「申込殺到！　未だ加入せざる従業員諸君！　即刻加入せよ！　東電従業員組合に団結せよ！」と職場ビラと同時に市民も一万枚のチラシを四〇人で戸別配布します。しかし、会社はなかなか組合を承認せず組合切り崩しを続けます。組合は二四日に浅草のお寺で従業員大会を開催。「組合加入者への圧迫をしないこと、犠牲解雇者を復職すること、初任給の引き上げ」など新たに五項目を要求します。事態は緊張し、組合は本部近くに争議本部を借り、支援を訴えます。これに呼応して日本労働組合連盟本部が抗議書を会社に提出。組合大会では、総同盟、東京市電自治会（島上善五郎）、東京市従などが激励に駆けつけます。

苦渋の選択「組合解散」

二八日には一部職場がストに突入。会社は「全市を暗黒化するストライキ」と挑発。組合は市民向けの「東電会社は全市を真暗闇にせんとす」を三万枚配布。自動車隊は職場オルグへ。会社は「二四時間以内の争議団解散、さもなければ解雇もありうる」と最後通告し組合は追いつめられていきます。

ここに支援してきた争議経験豊富な東京市電自治会が仲介役として登場。「争議の目的は従業員の待遇改善にある。会社との最大の争点である組合認知問題で譲歩して、いったん組合を解散しても、また立ち上がることは可能だ」との助言があり受け入れます。

五月一日会社は①労働条件は改善、②組合参加者の解雇はしない、③争議中の欠勤は出勤とする覚書をつくり、争議解決金七五〇〇円を払うことになります。こうして従組は解散となります。「一歩前進・二歩後退」の結成でしたが後日再び従業員組合として団結し闘いに立ち上がることになります。

関東電気労働組合の結成

一九二六（大正一五）年五月一日メーデーの日に東電従組は「組合解散」を余儀なくされました

（下町変電所支部は解散に反対しています）。委員長の西村祭喜と林征木の復職はなりませんでした。しかし「組合はいったん解散の止むなきに至ったが、当時勇敢に行動した諸君の胸中には、組合再組織の熱意に燃えていた。」（佐良士英彦『東電組合運動史』一九三四年）のです。

当時、共産党とその系列の労働組合に対しては治安維持法による弾圧はじめ、すさまじいものがありました。「地下鉄争議」でふれたように要求獲得の争議としてはほぼ成功したものの、一か月後にはリーダーを逮捕し、権力は徹底した組織破壊を行ったのです。

解雇撤回が成らなかった西村祭喜は外部から組合再組織化に着手します。九月一三日には共産党の指導の下に関東電気労働組合を結成。「縦断的」な組織では資本攻勢に対抗できないとして、企業内組合ではなく全関東の電気産業労働者が打って一丸となる「『横断的』な産業別組合」を組織します。

一九二七年二月には会社合併にともなう九六三人の解雇問題について、以後の解雇はしないことを条件に関電労は認めました。

一九二八年には、東京電燈と合併する東京電力会社の従業員による解散手当要求争議を支援し、有利に解決しました。同年六月には東京電燈会社の下請労働者六人が解雇され、その解雇反対闘争に取り組みます。こうした闘争を通して二八年には千人を超える組合に成長していきます。

二月の総選挙では共産党のビラがまかれ、本部には本所、深川、小松川、千住など下町から活動的組合員が集まってきました。しかし、二八年三月一五日、共産党関係者一〇〇〇人を逮捕する三・一五事件により西村、林等六人が逮捕されます（四月に釈放）。

帝都暗黒化陰謀事件

組合員二人の解雇に反対するストライキにむけて二五の職場分会で準備が進められます。浅草、千住、江東、深川、南葛など下町の五分会も八月からのスト闘争態勢に入りました。前日夜、従業員大会が上野自治会館で開かれます。入口で官憲の服装検査を受け、大会は開始間もなく解散させられ、組合幹部が組合員の前で検挙されていきました。西村たち一八人が「東京の電灯線を切って革命をおこす計画をした」として検挙され、二二人が解雇されました。いわゆる「帝都暗黒化陰謀事件」がでっち上げられました（今日の共謀罪、労働組合が組織的犯罪者集団にされたのです）。

西村は三四年まで六年間獄中に入りました。指導部を失った関東電気労組は分解し崩壊に追い込まれました。

他方、産業別の関東電気労組に対し西村に批判的な佐良土英彦たちは企業内での労働組合再組織化を始めます。まずは二七年三月に施行される健康保険組合議員選挙に、彼らの勢力がある変電所から議員を出すことにしました。選挙人名簿を一部抹消する失態を演じた会社に対して異議を申立てます。

東電被保険者連盟から東電従業員組合へ

さらに労働組合組織化に向けて被保険者連盟を創立します。連盟の規約は労働組合に準じた本部、支部、中央委員会、役員会、組織部、調査部、財政部を置き、組織活動に集中。九月には東電従業員組合創立準備会を名乗って活動を開始。下町第一支部は労組転換を即時すべきと主張しました。

二七年一一月には第二次東電従業員組合が創立されます。新組合は東電従業員の経済的利益獲得、「現実主義」を掲げ、「馘首《かくしゅ》（解雇）絶対反対！　賃金値下げ絶対反対！　不当転勤絶対反対！」を決議。さらに委員長制を取らずに合議制とし、組合費は三か月ごとに報告、組合員に自由な発言を認める特長を持っていました。社内は他に関電労、東電工友会があり分裂状況。圧倒的多数を占める未組織の組合員化が迫られていました。

一九二七年一一月一一日に再結成された東京電燈従業員組合は、二八年三月に東京電力との合併にともなう「人員整理、配転」に対し嘆願書を提出しました。

「現実主義」を基盤に「待遇改善」と「組織拡大と充実」を目標とする要求です。

①従業員の身分保証（a解雇は絶対にしない、b不当配転はしない）

②労働条件改善（a公傷および忌引きによる欠勤は賞与に影響させない、b現在の公休のほかに一年に連続七日間の特別休暇を、c定期昇給率の引き上げ）

③福利厚生制度の改善（a春秋に慰安会の開催、b会社の共済会の設置）

これらに対して経営側は「合併後に解雇は絶対にしない、生活に重大な影響を及ぼす転勤は行わない、賞与問題も改善、特別休暇は五日支給、定昇率を引き上げる」などを回答し、従組は九割近い要求を実現しました。

さらに、無辞令者六か月以上には即時辞令を交付する、診療所増設、東電病院充実なども実現していきます。これらの成果はすべての従業員に適用され、従組の圧倒的な未組織労働者に対する影響力は高まり組合は発展拡大していきました。

しかし、これらの成果は、従組の力によると同時に会社の労務政策にもよるものでした。二八年前半にはまだ左派の関東電気労組が大きな影響力を持ち、会社は関電労にはムチで臨み従組にはアメで臨んだのです。そして二八年四月には労務課を創設します。

関電労は「階級的」電気産業労組として東京電力（東京電燈とは別）の解散手当争議に取り組み、一時組合員は二～三〇〇〇人に達しました。しかし、二八年三月の共産党弾圧で西村委員長ら六人が逮捕され、弱体化していきます。また工友会という右派少数組合が外部の指導者によって作られます。従組は徹底的に「現実主義」から企業内にこだわり組合員を増やしていきました。

外部指導を拒む

従組はスローガンに「社外者幹部の排撃！　左右の固定化反対！　経済闘争第一主義！」を掲げ、着実に未組織労働者の中に根を張っていきます。関電労から「従組は会社から六〇〇円をもらっている」とのビラもまかれました。しかし従組は二七年一一月の創立大会資金七三〇円を下町第一支部二五〇円、江東支部三〇円、江東第二支部四〇円などからの借入金でまかなったのです。

従組のリーダー佐良土英彦は著書『東電組合運動史』（一九三四年）のなかで「関電労は左翼、工友会は右翼ということで未組織大衆は組合加入を躊躇《ちゅうちょ》しているのではない。外部からの指導により組合員の意識水準と無関係に本部指令が発せられた。外部者が牛耳っている組合では『ウッカリ』加入できない。」という意識状況に未組織従業員はあったととらえていたのです。

一会社一組合主義の実現

二八年三月の東京電力との合併問題では、東力の解散手当問題で関電労は争議状態になりました。従組は争議支援を決め「応援」し、合併前日に解決しました。定年制反対でも共同して抗議しています。

二八年五月メーデーに三〇〇人がはじめて参加。三〇日には第一回定期組合大会が二二支部の代議員によって開かれ、城東三支部、江東三支部、千住二支部、下町二支部と下町は半数に迫る大きな勢力でした。二八年七月には関電労は下請労働者六人の解雇争議を闘い、「帝都暗黒化計画」をでっち上げられ、西村委員長はじめ幹部、活動家が逮捕（以後六年間服役）。たった二分で関電労大会は解散を命じられたのです。

こうして東電従組は社内唯一の組合となり「一会社一組合」が実現します。闘いは続きますが、改めて取り上げたいと思います。

17 東武鉄道の争議

東武鉄道は四六三キロの営業距離を持つ日本第二位の私鉄です。本社は墨田区押上にあり、最寄り駅はとうきょうスカイツリー駅です。昔はここが浅草駅でした。（一九三一年に東武浅草駅は隅田川を渡って現在の松屋二階へ移り、旧浅草駅は業平橋駅となる）

一八九九年の開業時は蒸気機関車が客車を引いていました。開業間もない一九〇七（明治四〇）年には川俣駅火夫（機関助士）がストライキ、一九一九（大正八）年には浅草駅機関庫で機関手による待遇改善の争議がありました。

昭和のはじめのころ、東武鉄道の運転手は機関庫で教習を受けた後、指導運転手について約一か月の見習い、その後に短い区間の折り返し運転乗務につきました。電車の場合は一日の乗務は浅草と日光間を一往復半が普通でした。その上で三時間から六時間の乗務があり、朝五時に家を出て夜一〇時に帰宅する長時間労働も珍しくなかったそうです。

旅館に争議団本部

世界大恐慌に陥った一九二九（昭和四）年から昇給ストップ、他社に比べて低い賃金に従業員の不平不満は高まっていきます。三二年四月、労働組合はまだなかったのですが、本線、日光線、東上線の運転手一一〇人、車掌一五〇人、検車手四六人が不満を爆発させ争議に入りました。四月二〇日に西新井、栃木、川越の三車庫主任に以下二六項目の要求を提出、二一日午後五時までに回答することを求めました。戦争に動員された労働者の賃金保障や住宅手当、退職金、就業規則改悪の回復など当時の生活や職場の状況がうかがえます。

①軍隊への応召者への軍支給を除く全額支給、②動員の場合は現職とし全額支給、除隊後は現職現級のまま復職、③社宅料市郡部を問わず一〇円（現行六円）に、④公傷者も③と同様に、⑤病気による解雇強要は絶対廃止、⑥病気欠勤中の待遇を月給者と同等に、⑦自己退職の三割減の廃止、⑧皆勤者の休暇増、⑨運転手心得の初任給改善、⑩退職金の一〇か月増、⑪乗務時間外手当の改善、⑫車庫内時間外のアップ、⑬電気技手、検車手助手の見習期間一年に、⑭電気技手、検車手助手の初任給を一円四〇銭に、⑮昇給停止期間の昇給を四〇銭に、⑯略、⑰忌引きの復活、⑱制服規定の復活、⑲八時間労働に、⑳略、㉑食事時間を、㉒略、㉓略、㉔略、㉕作業所付近に井戸、便所を、㉖春秋作業着二着を。

会社無回答、サボタージュへ

二一日午後五時に会社からの回答はありません。従業員側は激昂しサボタージュ状態に。代表六人を本社に派遣し改めて嘆願書を電気課長に提出し、翌日午前三時半まで交渉しましたが決着がつきません。

二二日午前五時始発より、本線と東上線の全線ストライキが決行されていきます。会社はストを全く予想していなかったので大混乱に陥りました。ストは姉妹会社の上毛鉄道にも飛び火。争議団は本線杉戸駅（現東武動物公園）前の浜島旅館に籠城し持久戦の準備を開始。運転手と車掌がそれぞれ会社との交渉を始めます。しかし、要求の重要事項である昇給停止分の補償、住宅手当増額、休暇増を会社は認めず、交渉は決裂します。

浜島旅館に陣取った争議団（『埼玉百年史』）

切り崩しをはね返す

会社は切り崩しを謀りますが労働者の結束は固く、陸軍当局が「応召者全額給費」を支持し政治問題化を恐れた会社は軟化。二二日夜中から杉戸署で交渉が再開し、二三日午前五時労働者側勝利で争議は終結しました。

主な要求であった、応召者への全額給費、現職復帰、住宅手当引上げ、病気退職強要は避ける、退職金三割削減の廃止、半年皆勤者への二日間休暇の保障、昇給は最低五銭以上、忌引き規定の復活、作業場付近の井戸・便所の整備など、争議犠牲者は出さないとほとんど受け入れられ、解決見舞金千円が支払われました。その後も東武では一九三七、三九年と労働争議が起こっています。

18　東京瓦斯労働組合の歴史

築地市場の移転問題で脚光をあびた江東区豊洲は、一九五六年から東京ガスの工場があったところです。歴史的には江東区猿江の深川製造所が古く一八九八（明治三一）年に造られました。はじめて労働組合が結成されたのは一九一九（大正八）年一二月です。深川、大森、芝のガス製造工場労働者五六〇人を代表する二〇〇人によって友愛会本部で結成されました。

当時の初任給は日給四〇銭（当時、白米が高騰し一升四〇銭）、ガス製造は重労働でした。最初はむつみ会、誠心会など親睦的結合が母体となったそうです。

ユニークなのは「組合精神及綱領」です。「一、精神　国家主義精神ヲ涵養シ共存共栄ヲ以テ組合精神ノ大本トス　二、綱領　一作業能率ノ増進ヲ図リ労働条件ノ維持改善シ生活ノ安定ト向上ヲ図ル

ヲ以テ目的トス　二略」
大正期に「国家主義精神ヲ涵養シ」を真正面に掲げた「右翼的」組合はめずらしいものでした。一九一二（大正元）年結成の友愛会はキリスト教徒である創設者鈴木文治の影響が強くありました。名称も労働組合ではなく「友愛会」と名付けられ、①相互扶助、②識見の開発、徳性の涵養、③協同の力、地位の改善をかかげています。

要求を実現した争議

「要求条項　1職工の人格を尊重せられたき事　2労資協調の機関を組織せられたき事、3ガス工組合を承認せられたき事　4臨時手当の増額、5各半期に二か月分給与、6月2回の有給公休、7退職金の改善など（一部略）」精神は国家主義でも要求はガス労働者の労働と生活に根ざしたものでした。古い先輩たちと若い組合員とは思想的に一致せず経験ある先輩たちに対して歯が立ちません。それでも当時の労働運動の高揚、社会主義との結合のなかで、国家主義精神綱領は実際には空文化していきます。
この嘆願書は各事業所に出され、一二月二七日から争議に入ります。本社では嘆願書が返され、夜から深川製造所はサボタージュに突入。ガスの圧力が下がり、警察が干渉に乗り出し、深川の組合事務所は私服刑事が取り巻き、出入りする者を尋問、身体検査をして圧力を加えました。しかし組合は賞与を一か月削られたほかは交渉でほとんど獲得し、組合への加入者が日増しに増えました。

その後関東大震災で大きな被害を受けたが救援活動に力が注がれ、徐々に一九二六年には全従業員の四分の一、組合員は一〇〇〇人に達します。そして、①退職手当の改正、②公休日の改正、③日給一〇銭値上げ、④夜勤手当改正の嘆願書を会社に提出しましたが、受け入れられません。再び争議になります。(第二回争議)

この争議は組合本部のスト指令によるのではなく、各職場から要求を会社につきつけ、応じない会社に対して工場毎にスト状態に入っていきました。深川、芝、千住の工場は供給不能状態となり会社は追いつめられ、退職手当改善を実現します。背景には金融恐慌にもかかわらずガス販売量増加と石炭価格の低落がありました。一九二七年の第三回争議では休暇増などの成果をあげました。

争議に警視庁が干渉

一九二六年から従業員は一・三六倍の五三八三人、製造量は一・八倍と増加しますが、労働強化がすすみます。当時は公休日が月二回しかなく、会社の休日変更に従わなかった浅草支部の支部長が解雇され争議となりました。結果は支部長の復職は認めたものの公休日の問題は未解決のまま終決。一〇月に再び待遇改善一〇項目要求を提出。会社は拒否。そこへ警視庁が〝非公式調停〟と称して干渉し一〇項目要求の撤回を余儀なくされました。

一九二九年、世界恐慌の波の中で産業合理化が進み、操業短縮、解雇、失業者が増加（三二万人）し、争議も一四二〇件と前年一九二八年の五〇％増しとなり、さらに三〇年には倍加し参加者も八〇数万人になります。小作争議も二九年に二四〇〇件に達しました。こうした状況下で東京市電や東洋モスリン争議が闘われました。争議は合法化されておらず常に官憲の監視のもとに闘われ検挙が横行し、組合大会ですら警察官が監視し「弁士中止」が連発されました。

東京ガスでは二九年に増資が中断し、ガス需要が低迷、産業合理化をすすめ、労務管理体制を強化していきます。対する東京ガス労組も新たな体制に対応する陣形をつくっていきます。三〇年には鶴見に他の工場の合計製造量を上回る大工場が建設され、会社は新規従業員をガス労組に加入させないために御用組合を組織しました。

組合は、個人説得、宣伝ビラはじめ、あらゆる戦術を用いて組合加入を呼びかけます。組合は供給関係の組合員を使って鶴見工場内に入り込みオルグと支部建設をすすめ、三〇年三月に全員が加盟する鶴見支部が発足しました。

深川仏教会館で第一回大会

四月六日第一回大会が深川で開かれます。一七〇人の各支部代議員が出席、傍聴者を含め立錐の余地がないほどの盛況でした。しかしここでも州崎警察がものものしく警備するなかで開かれたのです。「……今や資本主義の攻勢は我が無産階級の上に猛然とその鉾先を向けて迫ってきた。資本家本位に組み立てられた金解禁産業の合理化等は実に彼らの巧妙なる無産階級に対する挑戦である。……」とし「八時間労働制の実施、労働組合法の確立を期す。」という大会宣言を採択し、一九の本部提案の大会決議を活発な討議を経て決議しました。

以下の大会決議から当時の労働組合がどのような要求をしていたのかを知ることができます。

①兵役の義務に関する件
②共済会規定改正の件
③八時間制実施の件
④退職手当給与規定改正の件
⑤会社都合における職制変更による収入減反対
⑥忌引き休業給与の件
⑦精勤休暇要求の件
⑧組合法制定要求提出の件

⑨資本主義産業合理化絶対反対の件
⑩無産党入党の件　（論議尽きず委員付託・次期大会に上程）
⑪瓦斯従業員単一組合組織の件
⑫メーデー参加の件　（以下略）
この他、⑱に本部事務所設置の件があり大会後深川製造所の近くに「あまり広くない店舗向きの二階建て家屋」を借りて事務所とします。専従者は置きませんでした。

警官監視の中で第二回組合大会――停年制反対闘争

一九三一年に開かれた第二回大会は、四五〇〇人の組合員、前年の東洋モスリンや大島製鋼争議にみられるような労働運動の盛り上がりの中で開かれます。前年の東洋モスリン争議支援にはガス労組からも参加、一七人が検束されました。この年のメーデーの参加者は全国で三万七五〇〇人、ガス組合は組合員の約三分の一、一三四七人が参加、大きな盛り上がりをみせます。

大会は干渉する警官五〇人がゲートルで武装、出入り組合員を一人ひとり厳重に身体検査。指揮の警官は四、五人の警官を従え演壇に陣取り、祝辞や激励挨拶に出る弁士に次々と演説中止、それでも日曜の午後一時から夜一〇時までぶっ通しで行われ、大会宣言を可決し、停年制反対闘争に入っていきます。

官憲が監視する中で第二回大会が開かれ国家主義的な綱領を改め、無産政党（全国大衆党）への入党運動推進、待遇低下馘首絶対反対、二重賃金制度撤廃とともに「停年制実施反対」を掲げました。また、ガス工組合の産業労働組合の全国的統一を打ち出します。

停年制実施についてはすでに一九二七年から取組み、①停年年齢五五歳、②退職手当の増加停年退職時の一〇割加算などを要求しました。組合は、「停年解雇後の生活保証であり権利」と位置づけ、完全に闘うことと位置づけていたのです。

これに対して労務体制を強化してきた会社の回答（一九三一年六月）は、①停年年齢五〇歳、②会社案の基本給与、③停年退職後における生活保証期間（本人一九年、妻二六年、末子扶養七年、計五二年、生活費一人一か月一五円、金利年六分）というものでした。まさに「停年退職金は老後の生活保証費」で今では考えられません。

組合の自主的停年制と大衆的闘い

組合の闘争委員会は①年齢は五四歳、②退職理由による割増二割、③実施までの猶予は一年という組合の自主的停年制案を示しました。この案を作成するときに神田の四支部は本所公会堂で検討、池袋支部は軟弱と批判し一時組合から離れます。会社は停年五三歳を回答しますが組合は拒否。闘争委員会が強化され、池袋支部が復帰、闘争資金も計上され実力行使も辞さない態勢をつくります。これに対して警視庁は干渉に乗りだしました。会社との交渉に四、五人の警官が立会い、圧力をかけました。しかし、組合は屈しません。組合員は本部に続々と詰めかけ、各職場では指令を待ちつつ集会や構内デモを繰り返しました。

こうして、八月に組合と会社は、①停年五三歳、②退職手当の大幅引き上げ、③割増・死亡及び停年満了の場合基本給額の二割増など「停年制実施の覚書」を結び解決に至ります。しかし、ここには日給雇員と傭員との格差が残りました。

六〇日におよぶ闘いについて組合は「組合員の行動は多くの各支部独自の行動によって規律され、一つの要求にまとめられ統一的な行動として全然効果が表示されなかったとはいえ、大衆的反抗が激烈に下から要求されたことは事実である。」と組合幹部の統一的指導の不十分さを総括しつつも、「一応の勝利」と総括しています。

企業合理化と社外工問題

組合は、停年制実施を「人減らし、解雇、賃下げ合理化」の一端ととらえていました。会社は一九三一年一一月に、今後従業員の補充は職工の採用を避け、人夫もしくは社外工をもってする方針を明らかにしたからです。

今日でいう正規雇用の縮小・非正規雇用労働者の拡大です。これまでも社外工、人夫は補助的作業に従事する労働者として採用されていました。二九年からは企業合理化の直接的解雇の対象になり、争議にもなっています。しかし組合全体の支援は不十分でした。支部による支援に留まったのです。組合は社外工問題を「合理的な従業員整理」ととらえ、さらに闘争の場合にはスキャップ（スト破り）になると考えました。ここから、社外工即時撤廃と社外工の組織化という二つの傾向が支部に生まれます。

やがて、「過剰人員整理絶対反対」「社外工制度即時撤廃」に統一されます。社外工・人夫の組合結成を指導する支部も出てきますが、会社の合理化圧力は強く組合は統一的具体的な対策を打てないで終わりました。

労働運動の戦闘化の中で労働戦線統一の動きが「労働クラブ」として現れます。組合はクラブが「右傾化」をもたらすものとして東京市従などと労働クラブ排撃運動を進めました。しかし分裂の危機を迎えます。

19　打ち続く東京交通労組の闘争

人員整理とのたたかい

一九二九年から毎年東京交通労組（東交）争議は続き、三一年四月にも合理化が強行され五日間の全線罷業に入りました。九月には日本軍による満州侵略が始まり、以後戦線は中国へと拡大していきます。

交通関係労組は全国に広がり、合法左翼の交通総連は三二年に一万五〇〇〇人、そのうち東交は一万人を占めるに至ります。三月には東京地下鉄の地下車庫で車両三台の占拠ストが闘われ、全国の主要都市では人件費削減反対の交通ストが闘われ多数の組合幹部が検挙されました。

東交では分散職場ストが闘われます。錦糸掘では少年車掌への出勤停止に対する独自ストや職場大会からの同情ストなど各地に職場ストが拡がりました。三二年七月にも人員整理、減給が発表され争議になります。

三二年九月には「健全なる労働組合主義」「反共産主義、反無政府主義、反ファシズム」をかかげる日本労働会議が一一労働団体により結成されます。海員組合九万五〇〇〇人、総同盟三万三〇〇〇人など全組織労働者の五八％を超える統一組織となりました。「大右翼」結成運動はここに完成したのです。交通総連は「『下からの統一』のみが真に資本と闘い得る。右翼組合の幹部間の野合的統一とは相いれない」として拒絶しました。

三二年には団体協約を結ぶ流れに東交も乗っていきます。この年一三組合三二協約が二年後には二〇組合六二協約に増加。東交は三三年一一月大会に団体協約締結要綱案を提案します。これに対して「ストライキ闘争を放棄するものだ」との反対が出されたものの、そのまま可決されました。

全員解雇・初任給で再雇用にスト

一九三四年九月、東京電気局は赤字整理案として全従業員をいったん解雇し、初任給で再雇用する、さらに技師、事務職は二八〇〇人中三八〇人の解雇を提案してきました。減収分は四八％、賃金半減とメチャクチャです。現実主義的方針を前年一一月に決めた組合も見逃すわけにはいきません。たしかに大震災後に省線（国電）の延長、地下鉄の出現、郊外電車の市内乗り入れ、さらに一円でほとんど市内どこでも行ける円タクの登場と、独占的だった市内電車は後退を余儀なくされ収入減となります。

東交は指導部を三段構えにします。内務省、陸軍省、警視庁から在郷軍人会、町会、市会議員などに、スト破りをしないように要請書を送り、市民向けのビラを配布し、支援を訴えました。労組による争議応援団会議も結成し、資金集めをすすめます。

支部へのスト指令伝達者が途中で検束されたため、スト突入が遅れ九月五日から全線ストに入りました。当局は臨時運転手を確保しようとしましたが、事故が頻発します。

市は東交委員長以下闘争委員四五人を懲戒解雇。しかし新聞の論調は、解雇・初任給への切り下げと闘う組合に好意的で、警視庁も手を出さない状況が続きます。

市長夫人はじめ市の幹部、議長に対して争議団家族や応援団が整理案撤回を要請に行きます。この行動に山花てるみが参加しています。

東京市長夫人と会見する争議団家族

「ストは当局が整理案を撤回しない限り休止しない」と組合は頑張ります。労使間は平行線になり、警視庁は労働争議調停法第一条にもとづく強制調停を発令。組合は強制調停後のストは弾圧を招くとして一六日にスト休止宣言を出します。「全員解雇、新規採用の形式は妥当でない。減給は二割。懲戒解雇は全員復職」との調停案を市は受け入れます。組合は拒否しサボタージュ状態が広がり七日に再びスト宣言を発しました。

再ストに対して、警視庁は検束の弾圧を広げます。結局組合は調停案とほぼ同じ案をのみ、一〇月一四日から職場復帰しました。

経営再建「民間市電更生審議会」

東交労働組合運動は一九三四年の警視庁調停による大争議の解決後も粘り強く進められました。

解決後、財政赤字の累積が市電財政を破綻状態に追い込みます。一九三五年三月に東交は、麻生久（社会大衆党書記長）、松岡駒吉（総同盟会長）浅沼稲次郎（戦後社会党委員長）を含む市電更生審議会を設け、九月には更生案を発表し、市長にその実現を要請しました。

この案は単なる理想案ではなく現実案でした。内容は公共事業として「市民の足は市民のもの」として市民が責任を負担する、市電の赤字公債を低利長期に借り換える、料金引き上げは行わないなどというものです。

一〇月の東交定期大会で、㈠全従業員の賃金三割引き上げ、㈡民間市電更生案の即時実施を要求します。

組合は、市民宣伝ビラ、家族大会、従業員大会、演説会などを各地で開催し、闘争を盛り上げ、再度嘆願書を当局に提出。当局からの回答は、㈠全員が一致協力すれば増収分の半分を精励手当にあてる、㈡民間市電更生案は部分的に共鳴でき、できるだけ実行に移す、と回答。ただし二時間以内に回答なき場合には白紙に戻すと威嚇してきました。

警視庁は、組合幹部が地下にもぐることは非合法戦術になると平和的交渉をしきりに勧告。組合が当局回答に不満の意思を示し、引き上げ際に警視庁は組合幹部、闘争委員の数名を検挙。このことを予想していた組合は準備してあった「第二指導部」が「八時間勤務順守の指令」を出し、一〇月二二日早朝から一斉に怠業（サボタージュ）に。同時に、午前二時に釈放された指導部は情勢判断の厳しさを考慮し、四時間に及ぶ議論の末、当局の回答を承認することにしました。協定は二・二六事件をはさんで四月にようやく成立します。

東交ストライキ。電車を占領する三田支部争議団

京成バスの組織化、東交解消へ

二・二六事件は当時の軍国主義への流れと軍事インフレによる物価高、生活の困難さが背景にあります。山手線の駅を起点とした郊外電車やバスが広がっていったのもこのころです。

当時の東交は「企業別労組ではなく地域産業労組」でした。一九三六年九月に東京環状バス三河島営業所（荒川区）に全員加盟の東交三河島支部が結成され、㈠物価騰貴による賃上げ二割引き上げ、

㈡東交支部に対する圧迫干渉の排除などを要求し、一時サボタージュ状態になり、賃上げ一割でいったん解決へ。

一九三七年一月三〇日に寺島営業所（墨田区）全従業員によって東交京成支部が結成されます。会社は組合幹部の東交からの脱退を強要し、組合がはねつけると幹部一四人を解雇してきました。その後環状バスが支部長他二人を解雇。さらに東交加盟の玉川バス、目黒バス、東横バスが三七年五月ストライキに突入、ゼネスト状態を恐れた警視庁は東交委員長以下五〇数人を検挙しました。

残念ながら、五月争議は以下の「屈辱的な解決条件」により収拾され、各地に広がっていった東交支部は壊滅状態になりました。

㈠即時東交支部を解消し、今後も加盟しないこと

㈡会社は、将来産業協力を精神とする穏健合法的なる単独組合に対しては組織を承認する

続いて起こった王子電車の東交支部の一四日に及ぶストについても三〇人を解雇し、警視庁の労働課長による右記条項と二七人の復職と三人の退職金増額の調停で解決。

一〇月大会で「闘争主義放棄、産業協力」の新方針が決定され、戦前の労働運動をけん引してきた東交は風前の灯になっていきます。

Ⅵ 昭和時代——軍国主義へ

1　日本主義労働運動

飛行機「愛国労働号」を献納

一九三二年一二月八日、日本造船労働連盟の呼びかけで国防献金労働協議会が結成されます。ここには総連合、東京乗合自動車中正会、関東製鉄連盟の四団体二二人が参加。目的は「労働者から献金を集め、軍に飛行機（愛国労働号）を献納する」ことでした。

「趣意書」には「満州国の興亡と関連して、未曾有の重大なる難関に当面している。……労働者の立場から、深く国際平和を愛し、国際間における労働者相互の協力を衷心より望むものでありますが、同時に他国の横暴また無理解に対して、死を持って国防を全うせんとの熱情に燃ゆるものであります。……ここにおいてわれわれ労働者階級の血と汗をもって、……労働賃金の拠出により……〝愛国労働号〞を建造し……国家に献納するものであります」と愛国労働運動が謳われ、戦争への道を転げ落ちていきます。石川島自彊組合は造船労働連盟の前身武相労働連盟に一九二九年五月、二八〇〇人で加盟し「大右翼」の統一・結成をめざしました。

石川島自彊組合《じきょうくみあい》の設立

石川島は隅田川の河口にあります。江戸時代末期に幕府が造船所を建設、以後軍艦が建造され、明治時代から争議が繰り返されてきました。

一九二一年七月には造機船工組合が結成され、評議会・関東金属労組（共産党系）に加盟。関東大震災後の二六年には大争議が起こります。「隅田の河口に、民間造船工場として日本で最も古い歴史を有する、我が石川島造船所にすこぶる悪性のストライキが起こった。……争議団の要求中の主なるものは、給料の値上げと株主配当を五分以下にせよと云う事であり、しかもその給料は各自平等にせよと云うのであった。」と石川島自彊組合神野信一組合長（当時職長）は自彊組合結成の背景を語っています。

造機労組は、厳しく会社を追及し、副社長を吊し上げました。しかし、神野は「石川島の争議こそ全くロシアを模倣する破壊的共産主義運動にほかならない」と徹底批判し、妻子との別れも覚悟し、ときには肉体的な衝突も起こしながら自彊組合の輪を広げ、造機組合を追いこんでいきました。

争議の敗北から組合崩壊

争議団家族は、争議資金がない争議に追い込まれ「明日の米もない」状況を神野に訴える家族も出る始末。展望なき争議に対し、神野は「①この争議は共産主義の傀儡《かいらい》である。②争議団幹部の人格は低劣だ、③争議団幹部は感情と意地張りで無益の闘いを続け解決の意志がない、④争議団幹部は団員の多大な犠牲をかえりみない」との宣伝を職場に広めていきます。深川公園ではお互いの実力部隊がぶつかり合うことも。そして神野はスト解除に五五〇人を確保して五〇余日ぶりに工場の黒煙を吐き出させました。争議団の無条件降伏に終わったのです。

さらに二八年の三・一五弾圧事件で幹部の大部分が検挙され指導部を失った組合は崩壊状況に陥ちいります。「左翼労組の影響は指導者を失ったあとは意外に弱く、従業員はたちまち御用組合に吸収され、国家主義の温床になってしまうことがわかる」(『日本労働組合物語〈昭和〉』筑摩書房、一九六九年)と評されました。

日本主義労働運動へ

三〇年一二月には世界大恐慌と軍縮のなか千人の解雇が自彊組合に通知され、定年近い高齢者、独身者を主体とする五五〇人が解雇されました。組合は失業対策を行うとともに、労使共倒れを防ぐための「一通話三銭」運動を自主的に展開します。残った従業員による「能率増進」生産性向上をはかり、就業中「無駄口一回三銭の罰金」(東京市内電話)とする規約をつくり予想以上の効果をあげました。「労使一体の関係にすっぽり包みこまれていた。恐慌を契機に大企業における労働者の会社への帰属意識はいっそうつよまったのである」(「昭和の恐慌」『昭和の歴史2』小学館、一九八二年)。

神野は労資協調を「労資対立後の協調であり再び割れる」と批判。「労資融合」でなければならないと主張し、これこそが「日本主義労働運動」の真髄と強調しました。

神野は、最初は評議会関東金属労組（左派系）の造機船工労働組合に加入していました。スイスに会社から技術派遣されたときに立ち寄った上海の公園入口に「支那人と犬は入るべからず」と書かれているのを見て仰天。「世界の労働者は団結せよ」と叫んできた欧米に対して不信感を抱き始めます。インドではイギリスから何百年も圧迫を受けている悲惨な状態を見て涙し、社会主義を捨てます。そして「世界の正義、人道も国家なくしてありうるものではない」と欧米に対する国家の自立を身にしみて感じます。さらに「日本は、日本の国を護るだけではいけない。東洋人種、いわゆるアジア民族のために、国境を固く締まらなければならない」と使命を悟り、社会主義から国家主義へ転じていきました。

スイスでは、当時の日本の争議とは全く違った整然とした六〇〇〇人のストライキにびっくりします。三日間以前のストの予告、職場占拠のないスト、ストに備えた機械への油注入、組合幹部への絶対服従、交渉団への法律経済の専門家参加、会社帳簿の調査など、百年前の日本では考えられないストのあり方、団交結果として賃金の一割カットの承認・スト解決にもビックリしました。

神野は帰国後、労働組合（評議会）と別れ、明治天皇の死に殉じた乃木将軍夫妻の日本家族主義と親分・子分の精神を評価し、自己修養の場として乃木講を設立。乃木講で教育勅語を読み日本主義労働運動の核づくりを進め、広めていきます。そこから「悪い労働組合があればその半面には良い労働組合がなければならぬ」と自彊組合結成の意義を強調しました。

神野は安岡正篤が設立した右翼思想団体の金鶏学院に入り、「目前の実行、日常生活の闘争を主旨とせず、精神教化の結果が日本改造の原動力となることを期して、その指導者の育成に努め」、『産業立国』と『労使融合』をスローガンとする日本主義労働運動を提唱し広めていきました。

結局は産業報国会へ

自彊組合が購買組合（消費組合）を組織したこと、さらに「労働者及び家族の診療所」として病院を経営したことも見逃せません。すでに消費組合は亀戸事件で虐殺された平沢計七が純労働者組合を組織し、同時に二一年一〇月には共働社という消費組合を組織し、診療所も賛育会や馬島僴《ゆたか》の診療所などが地域の労働者のために設立されていました。この病院にも大学関係の医者が無料で協力。こうした組合を内務省は「日本一」と評価します。

一九二九年に自彊組合は企業別労組である横浜船渠（造船所）、浦賀船渠と武相労働連盟に参加、三〇年には一万四〇〇〇人の日本造船労働連盟と改称、勢力拡大をはかっていきます。三三年にはメーデーに対抗して「日本労働祭」を開催し分裂、三一年には一三二か所四万六八六八人だった参加者が、三三年第一四回メーデーでは全国六六か所、二万七六三九人に激減しました。

神野信一は三三年九月に死去。その後自彊組合は三五年一〇月に愛国労働団体の全国的統一をすすめます。三八年七月には石川島自彊組合は解散し、全国で最初の事業所産業報国会を設立することになります。

2 東京モスリン亀戸、金町の闘い

東京モスリンは一八九六年に東京モスリン紡織株式会社として設立された日本最初の毛織会社です。山内みなの自伝や細井喜久蔵の『女工哀史』（一九二五年）にその厳しい労働実態が明らかにされています。この年綿糸輸出量が輸入量を上回り、日本は繊維産業大国の道を歩み始めます。

東京モスリン亀戸工場（現墨田区立花団地）では一九〇九年に最初の争議が起っています。山内みなが最初に参加したストは一四年。この年第一次世界大戦が始まり、日本の綿布輸出が輸入を上回ります。その後も、二六年、二七年（亀戸工場）、二八年（金町工場）、二九年（吾嬬工場）と恐慌の時代には毎年争議が発生しました。さらに、東洋モスリンの大争議が三〇年に闘われ、三一年には日本の中国（満州）への侵略が本格化。三二年には日本の綿業は最盛期を迎え、三三年には日本の綿織物の輸出が世界一になりました。

当時東京モスリンは、亀戸工場一〇六九人（男二五四、女八一五人）、吾嬬工場（現墨田区文花団地）一六八七人（男二七九人、女一四〇八人）、金町工場（葛飾区）七九六人（男一六六人、女六三〇人）、沼津工場八一〇人（男一八〇人、女六三〇人）と八割が女性でした。

会社は業績不振を理由に三二年以降、昇給停止を行い従業員もそれを受け入れます。しかし低賃金の女性、青年労働者や家族持ちの労働者はたびたびの操業短縮による減収で生活が厳しく、定期昇給を求める声をあげます。金町工場を除く亀戸、吾嬬、沼津工場で全員の「定期昇給五銭」を要求することになり、定期昇給獲得実行委員会を三四年五月一八日に結成、社内組織工友会長はじめ交渉の代表者を選出します。亀戸工場には「全労紡織亀戸支部」、吾嬬工場には全労と総同盟の組合が組織され、両工場とも東京モスリン労働組合連盟に加入、全国労働組合同盟も支援を決定しました。

賃上げ求め女性・青年が奮闘

会社は昇給案（男子二銭、女子平均一銭三厘、最高三銭〜最低一銭）を提示。これに対し低賃金の女性と青年は闘争心に燃えたものの、吾嬬、沼津など他の工場は会社案を受け入れます。高給者は闘争後の犠牲を恐れ消極的となり、女性・青年労働者を収める方向に向かいます。工場間の共闘も職場労働者の連帯も崩れたのです。会社は、従業員がサボタージュやストに入れば解雇も辞さずと強行姿勢を示し、ついに亀戸工場の労働者は会社案をのむことになりました。

交渉委員は総辞職しましたが、解雇者を出すことなく、二一日間の闘争に終止符が打たれ吾嬬警察署は「警察事故無く円満解決した」と警視庁に報告しています。

「整理解雇」 会社の追い討ち

定昇問題解決後一か月もたたない六月一五日、会社は事業不振を打開するためにと、高給者と出勤率・作業能率が低下している女工一〇〇人ほどを整理解雇しようとする人員削減「合理化」をかけてきました。

応募者には、①退職金に上乗せ一割〜一割五分の割増手当支給、②特別手当日給の六〇日分支給、③応募者がいない場合には指名解雇、④病気欠勤一か月以上は解雇などの条件を提示。これに対して、女工たちは上部団体である全国労働組合同盟に直ちに連絡を取り、その日のうちに女工大会を開いて会社に整理案の撤回を申し入れます。しかし、会社は一蹴!

一〇〇〇人の従業員大会を午後二時から開催。その間機械の運転が止まり、工場長の説明には投石者が出る始末。説明に納得しない労働者は従業員大会に移り、「整理解雇絶対反対、工場長排斥、犠牲者絶対反対、問題への経費全額会社負担」の四項目を提出、ストも辞さない姿勢を示しました。会社は「至急本社と打ち合わせのうえ回答する」と述べ散会となりました。

亀戸工場は警察主導「円満解決」へ

一触即発の状況が亀戸工場で生まれました。不思議なことに、吾嬬警察が積極的に動きだし、「労資無用な闘争」を避けるために労資代表を吾嬬署に招いてあっ旋をすすめます。三四年六月一八日夜中の午後一一時に①希望退職の件を除き撤回、②希望退職は強制しない、③組合は大会決議を撤回、の条件で覚書を締結し、解決しました。「(検挙など)警察事故なく」「円満解決」です。三四年はこうした柔軟な警察の態度が目立ちます。

金町工場の争議

戦前の葛飾、江戸川は田んぼが広がる農村地帯でした。しかし、本所、深川から工場が移転したり、新工場が建設されたり、中小企業が新たに起業したり、徐々に工場が増えていきました。東京モスリンは亀戸地区に二工場あり、静岡県沼津にも工場がありました。葛飾金町工場は常磐線金町駅前の北側で、現在はその工場跡にUR団地ができています。

二八年にも争議を体験、三四年当時は七〇〇人が工員向上会という企業内組合に組織されていました。会社は組合裏切り者の買収、組合基金の乱費、まじめな組合員の解雇など向上会つぶしを進めます。組合は臨時大会を三四年一一月に開いて、企業内組合から脱皮し全員総同盟に加盟して紡織労働組合金町支部発足を決定。葛飾警察署の仲介で「組合加入の自由」を認めさせました。

当時の職場状況を女工の一人は総同盟機関誌「労働」に寄稿しています。「『今こそ私達は目覚めた』無自覚な私は何も考えずにただ働かされてきました。ところが会社は修養団を作って、工場全員に講習せしめ、同胞相愛・同胞相愛と唄わせ、便所、風呂、洗面所等の掃除までさせるのでした。工場で一生懸命労働してきた身体を休む暇もなく働かせるのでした。……労働賃金は下げられるばかりですが、それでも修養団は辛抱が第一だと教えます。私たちは日夜、休む暇もなく考えさせられました。そして、結局労働者は労働者同士が腕を組み合わさなければならぬことを知りました。」

籠城ストライキへ

会社は組合を認めたにもかかわらず、翌日から修養団の前衛、報国同盟を導入します。こうした会社からの攻撃に対して修養団のビラまきを止めた組合員を会社は解雇。警視庁は松岡駒吉総同盟会長を招いて円満解決をはかりますが、会社が拒否。

組合は三五年二月一七日金町労働会館で従業員大会を開き、そこに籠城してストライキに入ることを決定します。当時の組合員は約七〇〇人、五〇〇人が女性でした。組合は総同盟労組がある吾嬬工場、沼津工場（亀戸工場の組合は全労）に同情ストを要請。吾嬬町の総同盟事務所に組合は六〇人を派遣しています。会社は、総同盟を工場から排除し女工を修養団に組織する方針で四八人を解雇します。

満州国皇帝来訪で解決へ

三五年二月に始まった争議は長期化していきます。四月には満州国皇帝溥儀が日本を来訪する予定で、治安を憂慮する警視庁はあっ旋を試みました。その結果、三月三〇日に同庁調停課の立会いで労使が会見。四月七日には徹夜交渉の結果午前六時半に警視庁解決案が出され解決に至ります。

①金町工場従業員は、その自由意思により現に工場内に存する団体に加盟しもしくは脱退の自由を有する、②会社は、さきに発表せる解雇者中男八人、女一〇人の復職を認め、従業員側は三〇人の解雇を承認する、③既定の退職金の他に特別手当を支給する、④争議解決金を支給する、など六項目の覚書を結んで解決しました。

3　東京印刷争議と出版工クラブ

一九三一年の満州事変以降、軍需インフレと為替安により輸出が増加して、好況局面が訪れました。しかし、三五年には停滞局面に入り、労働者数の増加率が停滞、臨時工が増加、物価は上がるのに賃金は低落していきます。印刷産業の臨時工は長期間ではなく、ある工場に三日、あるいは一週間、長くても一か月で、半失業状態でした。

そうしたなかで、植字工で臨時工の柴田隆一郎は印刷会社に勤めながら、印刷労働者の組織づくりを着々とすすめていきます。柴田は全協（左派）の組合員でした。彼は同じ立石に住む労働者を仲間として雑誌作りを始めます。「雑誌が組織者」になっていきました。詩、俳句や川柳が掲載され、印刷、製本など同業の労働者が雑誌作りを担っていきます。雑誌作りは同時に「未組織印刷労働者の組織化」でした。柴田たちは当時の印刷会社では五指に入る深川の東京印刷に臨時工でしたが就職することができました。

突然の解雇、減給

一九三五年に入ると軍需産業のインフレが停滞期に入り、多くの産業で物価は上がるが賃金は上がらない状況が生まれます。

東京印刷には全労系関東出版労働組合（委員長河野密）があり賃上げ要求をしたのに対して、三月一四日に会社は突如解雇一二人、減給七四人、他方一一三人には昇給を通告してきました。二二〇余人が加入する組合は「組合を破壊する攻撃」と位置づけ、解雇者による争議団を結成。他の組合員は出勤して解雇撤回、減給反対方針を決めます。

二一日からは組合加入者もストに入りました。会社はロックアウトをかけるとともに非組合員一六

○人の他にスト破りの臨時工（スキャップ）や組合切り崩しのための暴力団を雇いました。
組合は、深川石島町の貸席に闘争本部を置き、社長宅へのビラ貼り、支援団体への行商と宣伝、スキャップに対するピケットなどを展開しました。

傷害致死事件で争議は敗北へ

柴田は表面には出ないで、毎晩の対策会議、「何をなすべきか」（レーニン）の学習をすすめ、青年たちを育てる活動に重点をおきます。争議は五六日間に及ぶ長期闘争になりました。その間柴田は外部に対しても争議支援を働きかけ、印刷関連三五社の労働者からカンパを得ることに成功しました。警視庁は満州国皇帝が四月に日本に来る前に争議を終わらせるために、東京モスリン金町工場争議でやったように、調停に入ってきました。しかし、会社は譲歩せず調停は不調となり決裂し争議は続きます。

組合はスキャップ対策として「説得」とともに重傷を負わせない範囲で処置する「実力行使」を指示。そのなかでスキャップの一人が背負い投げを受けて死亡する事件が起こります。これにより、組合から多数の検挙者（柴田も含む）がでて、一挙に争議はつぶされ、七〇人復職、一〇人臨時工採用という警視庁労働・調停両課のあっ旋を受けざるを得なくなり、争議は敗北に終わりました。

戦争に抵抗する和工会

柴田の周辺には多くの青年が結集してきました。他方一五〇人が失業し路頭に迷うことになります。柴田は、青年たちを組織化すること、失業した労働者の職場をみつけることを目標にした大衆組織として「和工会」を二六人ほどで結成します。この和工会がこの後の戦時体制下で抵抗する印刷労働者の核になっていきます。

二・二六事件が起きた一九三六年の秋から暮れ和工会から出版工クラブへ転換する活動がすすめられます。そのためにまず和工会が動員できる労働者の数をつかむため、市川国府台で秋の運動会を開き、一五〇人の労働者が集まりました。

出版工クラブの発足

錦糸町にあった柴田の家は和工会の活動とともに出版工クラブの活動が行われ、三七年二月に新年会を兼ねて二〇〇人が西神田亭に集まって発会式が行われます。クラブ員のかくし芸、歌謡曲、落語、演劇などが行われました。

柴田は活動家たちにアピールします。

「僕らはいままで『働きましょう会』と対抗することだけをやってきた。これからはそれだけではだめだ。もっと広い範囲の人を組織化しなければならない。大きい工場には労働組合がある。ここでは労働者の力で自分たちの生活を高めることができる。しかし中小零細企業に働く労働者には生活を守る組織ももてない。僕らの当面の目標は中小零細企業の労働者をどのようにして組織化してゆくかが大切なのだ。そのためにはむずかしいことはいわないで友だちをつくれ、広い範囲の友だちをつくらないとだめだ……職場にゆけば純粋で正義心を持った若い人がたくさんいるんだ。この人たちをつかむことが大切なんだ。」と。

出版工クラブは、毎月一回会合を開きました。そこで国内、国際情勢を説明するとともに、購買部職業紹介部の活動から俳句、将棋、観劇、登山、ハイキングなど多様な活動を展開します。「クラブニュース」一〇〇〇部の印刷は会員が働く会社の経営者が安くやってくれました。

神田支部の分裂

一九三五年はコミンテルン（共産党などの国際団体）第七回大会が開かれ、これまでのセクト的方針が大きく転換され、幅広い反ファッショ統一戦線戦術が提起された年でした。これをめぐって、出版工クラブの中で本部と神田支部の意見が割れます。

神田支部は他の印刷工組合からの「一緒になる」呼びかけに賛成し、労働組合化をはからない「出版工クラブは甘っちょろい」日和見主義だと本部を批判しました。本部の柴田は「現在のように弾圧のひどいなかでは『出版工クラブ』はあくまでも親睦会というゆるい組織形態にして広範な職場にくい込み大衆をつかむことこそ大切なのだ」と反論します。こうして神田支部は分裂し、「全日本出版労働者協会」が結成されます。しかし、この組織は柴田が心配したように、産業報国会への圧力が強まる中、短命に終わりました。

「出版工クラブ」は日中戦争が始まり拡大するなか、一五〇〇人に会員を組織拡大し、権力に狙われていきます。

クラブ員の増加と生活の悪化

一九三七年七月盧溝橋での日中衝突から日本は中国への侵略を拡大していきます。一〇月には「罷業絶滅宣言」が全総（総同盟）によって出され、一二月には人民戦線事件で島上善五郎、山花秀雄、向坂逸郎、高野実など四百余人の合法左翼が一斉に検挙されました。

一九三八年三月には、すべてが戦争目的に動員される国家総動員法が成立、軍事優先により印刷業界も大きな痛手を受けます。労働組合にも大きな圧力がかかり、東京印刷工組合も解散に追い込まれました。石川島や東京交通労組では産業報国連盟の動きが本格化してきます。それでも印刷工クラブは拡大を続けます。

柴田隆一郎は「どんな時代にも職場には無尽蔵の幹部になる素質を持った活動家がいるはずだ。むしろ労働者の生活がひどくなればなるほど活動家は正しい行動のために立ち上がるはずだ」との信念を持って、活動家づくりを進めていきました。

一九三九年にはクラブ員の倍増運動をすすめます。そのために工場での趣味調査を行いました。その結果、登山、ハイキング、映画、俳句、読書会などの会が組織され、会員もふえていきました。さらに、シャツ、下着、靴下、草履などの生活必需品を仕入れ、街の価格より二〜三割安く印刷工場を廻って売り歩きました。「よい人、良い腕、良いクラブ」を標語にして各工場との連絡をキープしていきます。昼休みを活用して機関紙の配布、会費集金、共同購入もすすめました。

軍需物資の生産と反比例するように労働者の生活は苦しくなります。職場の労働者は不足するなか、定期昇給制度と出来高払い賃金制度が全国的に採用されていきます。実際には軍隊への召集令状で簡単に放り出される臨時工制度が全国に広がっていきました。こうしたなかクラブへの参加者は増え続けて一〇三社、一五〇〇人に達します。また、人民戦線運動を無視することなく、親睦会の統一を考え、日本印刷技術員協会、親技会、欧友会などに統一懇談会を提唱しました。

三九年夏にクラブは七月から二か月間江の島に海の家を借りました。布団はクラブ会員から借り、クラブの白石が二か月間自分の家を引き払って住み込んで申込書、宿泊券の発行など世話をしました。

出版工クラブへの解散命令

一九四〇年一〇月には大政翼賛会が結成され、民間の自主的団体は解散に追い込まれていきます。

労働組合も三八年に産業報国連盟が発足し徐々に解散に追い込まれます。産業報国会は三八年末には一一五八団体、三九年末には一万九六七〇団体、会員数約三〇〇万人へと急速に拡大していきます。労働組合、市民団体などの禁止の流れの中で、クラブは「生き残り」を試みます。四〇年八月末に一五人ほどのクラブ幹部が江の島に集まり、今後の運動について協議しました。協議の結論に基づき、クラブは愛宕署特高臨席のもとに「偽装」解散式を行いました。

しかしクラブは印刷工場と工場をつなぐ活動を続けます。深川、京橋には「曙旅行会」「あさぎり吟社」ができあがります。神田、芝とつなぐ簡易図書館が錦糸町の柴田の家に置かれます。賀川豊彦の協力を得て木炭の協同購入（貨車二両）を実行したり、合法的技術研究の活動も行いました。まだ活動は続きますが、四一年一二月に始まる太平洋戦争中の活動は次の機会にしたいとおもいます。

4　広がる中小企業の闘い

メーデー禁止

一九三六年二月の陸軍若手将校による二・二六クーデタ事件は鎮圧されましたが、メーデーはその年から一〇年間開催禁止になります。三七年七月七日に中国盧溝橋で日中軍が衝突し、泥沼の日中戦争がはじまり、三六年と三七年の総選挙で社会大衆党は「国民生活の安定」を掲げ一八議席、三六議席と大躍進をとげました。

しかし、人民戦線派の日本無産党は当選が加藤勘十（東京南部・西部）ただ一人に終わり、東京東部と北部からなる東京六区では総同盟会長だった社大党鈴木文治が三九万二〇〇〇票を獲得し全国トップ当選。下町の中小企業での賃上げ、解雇反対、労働条件、生活改善への闘いも広がり、労働争議への参加人員は戦前最高の二〇万人を超えました。

戦争への道を突き進んでいく日本社会のなかで中小企業労働者はどのような闘いに立ち上がったのでしょうか？　警視庁から内務大臣への報告からみてみましょう。

江戸川「昭和高圧」正規雇用求める

一九三八年三月三日江戸川区東小松川（今の江戸川区役所裏都営住宅付近）の昭和高圧で待遇改善の争議が始まりました。当時の昭和高圧は、本工の雇用はなく臨時工だけで男工六二人、女工一九人。賃金は、男工の日給が最高で二円、最低一円と二倍の差があり、平均は一円一五銭。女工は日給が一律八〇銭、最高も最低も同じです。退職金も福利施設もなし。争議参加者は男四七人。組合も応援団体もありません。

問題は当初は臨時工だが、ひと月後には本工にすると約束したのに、それを無視し臨時工としての更新契約書に捺印を求めてきた裏切りに対するものです。（今も同じような争議が起こっていますね！）

労働者は、三月三日始業前に協議し以下の要求を決めます。①臨時工は一か月とし実行すること、②二時間残業は三分、四時間残業は七分に、③夜勤者には日給二日分を、④日給者には現行の五割以上を、⑤健康保険を臨時工にも適用すること

警察のあっせん・調停の増加

労働者はこの要求を会社に提出しますが、会社は無視。このままでは、対立が激化することをおそれた所轄の小松川警察署は労使双方を呼んで説得に入ります。労使双方が納得して、争議は一転して解決に向かいました。その内容は、①要求条項は無条件に会社に一任する、②要求条項で会社が決定した事項は三月一三日までに発表する、③決定事項は三月一日にさかのぼって適用するという会社に有利な内容。

戦後一九六三年に、昭和高圧には全国一般東部一般労組が結成されます。工場はその後茨城県土浦に移転しました。

足立区の東京真綿製作所は一九三八年四月工場閉鎖問題から総同盟関東紡織労働組合の指導のもと争議に入りました。争議参加は全員の二二七人ですが、当初は三八人から始め、争議参加組合員は過半数の一四二人となります。争議開始は三月二〇日、以後毎日交渉を行い、二五日にはサボタージュ

状態に入り、会社は休業帰宅を命じます。二七日には平均日給二円で合意し、二八日には所轄西新井警察署で交渉を継続、警察署と警視庁労働課があっせん調停に入り、下記の覚書で解決しました。①全従業員へ一四日分の手当のほか勤続一か月につき一日分の日給を支給する、②配分は総同盟に一任する、③将来作業を開始する場合は総同盟の富田主事（書記長）を通し今回の解雇者中の希望者に対し優先採用を善処する。

このほかに、組合からの嘆願事項についても承諾する項目と否認の項目を明らかにしています。待遇改善では、賃金の三割引き上げは否認、皆勤賞与の支給、食堂の改善と更衣室、手洗い便所などの改善などは承諾となりました。

覚書③の「将来作業開始の場合の希望者優先採用」は、いわゆる「先任権」の一種で、画期的な内容といえます。また、警察の対応も露骨に検挙など実力行使をちらつかせてのあっせん調停ではないことも見逃せません。ほかにも足立区の日本製靴での臨時工解雇などの争議がありました。

5　東大セツルメントの閉鎖

東京スカイツリーが間近に見える墨田区柳島にできた東大セツルメントの活動については九〇頁で書きました。一九三六年賛育会病院で生まれた元社会党委員長山花貞夫（弁護士）の父親で労働、無産政党運動を下町ですすめた山花秀雄は二四年九月開講のセツル労働学校第一期生でした。

労働学校は伝統的に東大新人会のメンバーによって運営され、年二期、一期三か月で、週三回夜間二時間の講義です。校長は末広厳太郎教授。講師の選定や内容は学生に任せられていました。講師の確保が大変でしたが、新人会の先輩たちが忙しいなか来てくれました。

二八年当時の生徒は二五人ほどで未組織労働者が多く、右派、中間派組合の組合員もいました。セツラーも生徒の討論に参加し、教材をつくったり研究会をやったり、工場生活の実状を学びます。(『東京帝大新人会の記録』経済往来社、一九七六年)

労働学校募集のポスター貼り

二八年春三・一五事件で全国一六〇〇人が検挙、四八四人が起訴されました。労働学校も講師の半数が逮捕、セツラーと生徒の減少のために労働学校は休校に追い込まれます。その後セツルに起居していた武田麟太郎(『日本三文オペラ』の著者)は労働学校での仕事として「労働学校生徒募集のポスターを何十枚も書いた。古い無産者新聞に横細縦太の扁平な字体を発明して書いた。糊をバケツにいれ刷毛を持って、亀戸、大島、吾嬬、寺島の方々へ貼って歩いた。また、募集のビラも出来、大きな目標工場の出勤時間をねらって撒布した。生徒は百人近く申し込みがあった」と労働学校生徒募集の様子を描いています。

金解禁による経済不況、世界大恐慌のなかで、労働学校への希望は高まり、三〇年一月の第一四期労働学校には入学生徒七七人、卒業生二一人。三月の第一五期には入学者一二三人、卒業生三六人と開設以来最高となります。これまでの工場労働者に加え、自由労働者、朝鮮労働者（三三人）が増えてきます。居住するレジデントが一二人、セッラーが四〇人に増加したことも拡大の要因でした。東大学内で社会科学研究会、新人会の組織があいついで解散した後、「セッラーは唯一の残された組織となった」のです。しかし、三一年の満州事変を契機に再び縮小に入り、三二年にはセツルメントの中心的事業としてセツルが運営してきた労働学校が事実上消滅していきました。

延べ二六〇余人の東大生が参画

セツルは医療、託児、児童など地道な社会事業的な活動を前面に立て続けられていきます。それでも官憲の弾圧は徐々にこの分野にも広がってきます。医療部からも共産党シンパ事件で逮捕者が出され、拘留一か月後に免官される事件がありました。三三年には東大美濃部教授の天皇機関説が批判されます。セツルの大黒柱であり男爵・貴族院議員でもあった穂積重遠東大教授は法律相談部を担当するとともに、防波堤となって文部、内務、特高部からの解散の圧力に耐え、東大セツルとしての活動を続けていきます。労働者教育部は図書館となり、老朽化した建物も三七年に改築されます。三八年延べ二六〇人余の学生が参画、七〇人余が検挙された「下町コンミューン」東大セツルメントはついに閉鎖に追い込まれました。

セツラーの中には六〇年安保時に警察庁長官となる柏村信雄がいました。ときの首相岸信介は柏村警察庁長官を呼んで「ただちにこの違法なデモ隊を排除せよ」と迫りました。これに対して、柏村は「今日の混乱した事態は、反安保・反米ではなく、反岸です。このデモ隊を警棒や催涙ガスで排除することは不可能です。残された道はただ一つ、あなたが国民の声を無視した姿勢を正すしかありません」と敢然と答えたそうです。故安倍元首相に聴かせたい！

6　労働者消費組合運動と戸沢仁三郎

下町の労働運動を語るとき、労働者消費組合を抜きに語ることはできません。ある人は「労働運動は労働組合、労働者協同組合、労働者消費、労働者共済運動から成る」といっています。労働ＮＰＯも労働運動の一翼を担っていると思います。

下町の争議は組合員に米、味噌、醤油、炭などを供給する労働者消費組合運動抜きには戦えなかったでしょう。たつみ生協や江戸川生協が発展した現在の地域生活協同組合は巨大な組織・運動体に成長していますが、ルーツは争議を支えた労働者消費組合にあったといえます。

渡り職員だった戸沢仁三郎

そのなかで、リーダーの役割を果たしたのが純労働者組合の理事長であった戸沢仁三郎でした。戸沢は一八八九年東京市本所区番場町（厩橋）に生まれ、鋳物工場で働きながら東京府立職工学校を卒業、芝浦製作所に採用されます。将来の工場主をめざして、名古屋、大阪、佐賀、福岡などを職人として渡り歩き、腕を磨き、同時期に友愛会に加入しました。そこで、「労働及産業」を購読、東京に戻って勤めはじめた浜田鋳物工場で職工二〇数人と労働条件改善に立ち上がりました。その後退職し、二〇一九年に日立亀戸工場に入職し、友愛会に再入会します。

一九年五月に自宅（亀戸五ノ橋）に近い総同盟城東連合が大島製鋼所（現在は大島四丁目団地）解雇反対闘争に勝利し、五の橋会館で集会を開きます。そこで戸沢は、人道主義的な労資協調思想の上に立って労働者の要求を強調し、圧倒的な聴衆の拍手喝さいを浴びました。この演説が総同盟城東連合会会長平沢計七に認められ、三〇歳で連合会の書記になります。

しかし、八月の友愛会関東大会で、城東連合会亀戸支部から平沢計七の久原製作所（日立製作所の前身）亀戸工場争議指導の敗北について「労資協調」との批判が出されます。当時サンディカリスト（戸沢仁三郎による評価）だった渡辺政之輔や学生あがりのインテリ棚橋小虎たちから出された批判です。除名要求の動議が総同盟関東大会で出され、結果平沢以下城東連合の大半が友愛会を抜けました。

純労働者組合の理事長に

二〇年一〇月二日に純労働者組合が結成され、戸沢が理事長に選出されます。戸沢は「純労のことなれば、亀戸事件で殺された平沢計七という人のことをお話ししなければならない。あの方は、徹底した労資協調なのです。書いたものにはよく平沢さんはサンジカリストとなっていますが、決してそうではない」と厳しい評価。この場合の〝労資協調〟とはストを背景とした大衆的団交による闘いではなく、平沢たち幹部の個人交渉に委ねられていったことであり、友愛会の鈴木文治会長がとってきた路線でした。

友愛会は、この路線から徐々に転換し、サンディカリスムからマルクス主義へ移行していきます。純労は逆に「すべての決議権は純労働者自らが握る」（綱領）サンディカリスムに傾斜していきました。

消費組合共働社の設立

同じ一九二〇年、第一次世界大戦後の不況のなかで、大島労働会館の一角に労働組合員が中心となる消費組合共働社が設立され第一歩が踏み出されます。しかし、純労（純労働者組合）の中に労働組合派と消費組合派の分岐が生まれ、戸沢は労働組合の活動を重視する立場から分裂を危惧します。一九二一年の共働社第一回総会では、余剰金の処分案として、その四分の一を労働運動基金とすることを決議し、労働組合運動重視の姿勢を示します。さらに二二年の第三回総会で消費組合員の資格を

「労働の報酬を以て生計を立つる者に限る」と未組織労働者にも門戸を広げ、同年三月日本で初めての信用組合労働金庫を純労は設立し、認可を受けました。

二三年関東大震災が下町を襲います。亀戸事件で川合義虎ら南葛労働会八人、平沢計七ら純労二人が権力の手で虐殺されました。戸沢は身の危険を感じ、大阪に逃げました。

純労は亀戸事件で平沢計七を失い、戸沢は大阪に逃げのび、岡本利吉が震災後の再建に奮闘します。岡本は一九一九年に企業立憲会を設立し、大島に労働会館を建設、労資協調を土台に日曜労働学校、文化講座を開きます。二〇年には消費組合共働社（後に関東消費組合連盟）を創立、労働金庫、月島の労働会館開設と幅広い活動を展開していました。

帰京後鋳物工場に就職した戸沢を岡本は一五年四月に消費組合連盟の主事として迎えます。一〇月から翌年四月戸沢は秘密裏にソ連に渡ります。「戸沢がロシアに連れ込まれた」と岡本は疑います。戸沢をはっきりと共産党、評議会にひきこもうとしたのではないでしょうか。

このころの戸沢は、労働組合運動を中心に考えていますが、純労が震災で幹部を失い、就職もままならない状況の下で、消費組合運動と労働組合運動の両立を考えていたといえます。

一九二五年一一月、消費組合連盟は関東消費組合連盟と改称し、岡本は顧問に、広田金一が中央執行委員長に。戸沢は二七年一月共働社理事長になります。この頃から戸沢は消費組合運動に傾いていきます。機械連合や純労の労働組合活動は「もはや私の活動には不適当である。評議会は乗り気がしない」とある手紙で書いています。とくに、「乗り気がしない」評議会は、かつて汽車会社東京工場の争議で闘い方をめぐってはげしく対立した渡辺政之輔（共産党）が評議会の中心にいることへの確執があったと思われます。

労働組合運動は戦前左右の分裂を含め多くの分裂を経験しますが、消費組合運動においても分裂がすすみます。一九二九年、関東消費連盟の分裂は、第一に、市民消費組合と関消連が東京消費組合協会を設立する問題で、関消連は独自の機能を協会が吸収し関消連を形骸化すると左派は捉えました。結局中央執行委員会によって否決され、広田と左派との間にしこりができていきます。第二は教育部長や岡本利吉の講義に関消連青年部が「反動的で・非階級的」とボイコットし分裂が進行していきます。

労働者消費組合の分裂

分裂の背景には、二五年の博文館争議（評議会系）や二七年の野田醤油争議（総同盟系）の敗北がありました。

争議の兵站部として消費組合をとらえるのか、争議に深入りすべきではない（経営第一主義）という総同盟系の考え方が対立し、二九年一〇月の臨時大会で東京共働社、江東消費組合などが退場し、関消連は分裂しました。

戸沢は分裂を避けるために動きます。大会で、顧問岡本を中央執行委員長に、自らは中執と経営部長に。最大課題は経営危機をいかに克服するかです。底辺を広げる方針です。次年度の大会で「組合員の生活点にその組織の根を持たなかった」と自己批判。争議が増加するなかで、対立を超え生活点に根をおろし、闘う組合員の生活を支えていきました。この誌上で取り上げてきた東京市電、大島製鋼所、城東電車、東洋モスリンなどの争議でも「イデオロギー的立場を超えて」積極的に支援しました。米、味噌、醤油、薪炭など生活必需品を生産者から仕入れ、争議中の組合員に原価で販売し、無償のときも。応援金を集め、争議団ニュースを発行、慰問も行い、惨敗した労働者たちの負債も負ったのです。

戦後、生協運動を再建

戸沢は「消費組合は労働者が作った労働者の組合なのだ。応援するもしないもない。全く自然なことなのだ」と述べている。三一年共産党に入党、三二年には関消連の中央執行委員長に、三三年には全国無産者消費連盟の創立と同時に中央執行委員長に就きました。

同年、関消連は東京で「米よこせ運動」を展開し全国に広がります。政府の過剰古米を労働者、失業者、貧農へ無償配給せよと要求します。そしてついに認めさせます。軍国主義の流れが強くなっていった三四年、三七年と消費者連盟にも弾圧の手が伸びて戸沢も検挙されます。肺浸潤のため起訴猶予になり、釈放されます。しかし、力尽き、関消連も日消連も三八年に解散を余儀なくされました。実直な戸沢は戦後生協運動に奮闘しました。

7　木下川《きねがわ》地区の労働史

木下川の製革業

墨田区東墨田の木下川の地名は室町時代から史書に出てきます。江戸の近郊として木下川梅園もありました。木下川地区と部落問題とのかかわりは、一八〇〇年に弾左衛門（江戸時代に一三代続いた全関東地域の被差別民衆の支配者）が町奉行所に提出した文書にはじめて「木下川非人頭久兵衛七軒」記されているところから始まったようです。

明治に入り西洋式皮革業が導入され、弾佐衛門は浅草銭座跡に工場を建設。兵部省が年間一二万足・一〇年間発注をしています。一九〇七年には弾の流れをくむ東京皮革など四社が合併して日本皮革株式会社（現ニッピ）が設立されます。

木下川での製革業は一八八七年ごろから始まります。一九〇二年には東京市内から郊外への移転を強制されます。そのときに木下川と三河島（荒川区）が移転先と指定され新たな皮革産業地域として形成されます。強制移転の苦境を日露戦争の需要で乗り切り、木下川は本格的な皮革業地域になっていきます。

木下川地区は低湿地帯で何度も水害にあいました。荒川・隅田川の水害は下町全域に及び、一九一三年から内務省の直営で荒川放水路の工事が始められます。

この工事により木下川地区は墨田区側（木下川）と葛飾側（木根川）の東西に分断されます。工事には近隣農民と日本の植民地となった朝鮮人労働者も多く働いていました。

第一次大戦後の木下川

当時の皮鞣《なめ》しの工場は小工場が多く、動力なしで行われ、原皮から毛を抜く作業、石灰で処理、鶏糞で中和、水洗、水を樽に汲む作業、薬剤につけた皮を常に動かす作業などを手・足で行う重労働でした。そこには女性たち、朝鮮人、中国人労働者も働いていました。

関東大震災時に木下川にも大きな被害をもたらします。荒川放水路の建設に従事していた一〇人の朝鮮人が四つ木橋のたもとで殺された証言もあり、虐殺や暴行に地域の人が加わったことも密かに伝えられています。

第一次大戦から関東大震災以降に、靴、バッグなど皮革用品の需要が拡大し、皮革鞣し業者の数は二〇〜三〇に増えます。一九三五年には「東京製革業組合」の組合員は五七軒に達しています。

一九二五年東京都は用途地域指定を行い、危険物、衛生上有害とみなされた皮革製造、毛皮精製などは乙種特別地域を指定されます。そこは小松川（江戸川）葛西（江戸川区）、砂町（江東）など荒川放水路の河口付近の低湿地で、そこに一五年後までに移転しなければならないという〝追い出し〟行政指導でした。

これに対して木下川の「東京製革業組合」と三河島の「東京製革組合」は政府に陳情書を出し、製革業は衛生上有害でないこと、移転先は海に近く塩分が水や大気に多く皮革業に不適と訴えました。行政の姿勢は衛生上危険でないのに危険視することで伝統的な差別観念があると政府を批判しました。その後も反対運動を続け、現在地域（木下川、三河島）を乙種特別工業地域とすることを要求し、運動の結果一九三三年に「郊外移転」を事実上撤回させることに成功しました。この運動の成功は、一九二二年に結成された全国水平社（部落の民衆自身の行動で部落解放をめざす組織運動体）の運動の広がりと密接な関係がありました。

皮革工の労働運動

この時期に皮革工の労働運動が起こります。一九二四年木下川に隣接する吾嬬町に皮革職従業員組合が組織されます。明治製革を中心に中小工場にも影響力があった自由労働組合に参加する組織で、水平社のメンバーもかかわっていました。

二六年には評議会（左派）系関東皮革工組合が木下川で結成されます。この組合は「部落解放、朝鮮人・中国人に対する差別の撤廃」を掲げていました。

友愛会系では、日本皮革の七〇人を中心に北千住支部が組織され、東京革工組合に発展し、二五年には吾嬬第一支部（明治皮革）、吾嬬第二支部（秋元皮革）が組織されます。しかし、二七年夏から秋にかけて、激しい資本側の首切り攻撃にさらされました。一九二六年一月に東京革工組合から分裂した関東革技工組合は木下川に組織と影響力を持っていました。

8　産業報国会への道

一九三五年三月ナチス・ドイツは再軍備を宣言、三六年には日独防共協定が調印され、三八年三月にドイツはオーストリアを併合します。日本も一九三六年の二・二六事件、三七年の盧溝橋事件（日中戦争のはじまり）と侵略戦争への道を歩んでいきました。

三六年四月には石川島自彊組合など組合が中心の「愛国労働組合全国懇談会」が結成されます。背景には国家社会主義運動に転向した赤松克磨らがいました。右派労組は三四年にはメーデーに参加せず日本労働祭を開催、三二年には陸・海軍軍用飛行機を献納しています。

三六年九月陸軍工廠（兵器工場）に働く職工の労組加入が禁止されます。その結果官業労働総同盟加盟の約八〇〇〇人の組合は軍の圧力に屈し、またたくまに解体消滅に追いやられました。

反ファッショ人民戦線

こうしたファシズムの拡大に対してコミンテルン（国際共産党）はセクト主義を改め「労働者階級の統一を基礎にあらゆる階層の統一」をはかる人民戦線を打ち出します。

しかし日本共産党は壊滅状況にあり、社会大衆党や東交など合法左翼がかろうじて議会と労働・社会運動の場で運動を進めていました。三六年九月二二日、両国の本所公会堂（今は解体された）で「広義国防批判・団結権防衛演説」を開き、社大党の麻生久、河野密、浅沼稲次郎が「陸軍の組合加入禁止はファシズムだ」と抗議しています。

二五日には同じ本所公会堂で労農無産協議会が全評（労組団体）、東交、東京市従、自労（自動車労組）と同趣旨の集会を開きました。しかしこの分裂状態では陸軍省の組合加入禁止を阻止することはできなかったのです。

三六年には「二・二六事件」を理由にメーデーが禁止に追い込まれ、翌三七年にメーデー禁止令が出され、戦後四六年まで開かれませんでした。当日は各地で組合のピクニックや茶話会が開かれ、小樽や名古屋では非合法デモが計画されましたが、警官に蹴散らされたそうです。

三七年一二月一五日午前六時に下町に関係深い島上善五郎、山花秀雄はじめ、加藤勘十、鈴木茂三郎、江田三郎、高野実など総評や社会党でなじみの無産政党、労組指導者が、翌二月には大内兵衛、美濃部亮吉、向坂逸郎ら研究者、計約四〇〇人が検挙されました。「人民戦線事件」です。

賃上げ闘争の激化と罷業絶滅

三七年は軍需インフレが進行し、労働者農民の生活が悪化して各地で争議が起こりました。三月には、東交、東京市従、東京自由労働者組合に加え水道従業員（未組織）がそれぞれ二割の賃上げを要求し、対市賃上げ闘争同盟を結成。四月に東京市役所を取り巻く大衆デモが展開されました。下町では大東紡績（旧東京モスリン）亀戸工場で賃上げ争議が五月に起こっています。

さらに、東交は企業内に留まらず、東京周辺の私鉄、バスの組織化をすすめ、京成バスにも東交の支部ができていきます。（当時東交は産業別労組をめざしていました）全国的には、前年に公布された退職積立金及退職手当法に基づく争議が日鉄八幡製鉄などで闘われました。

戦争支持へ

こうした盛り上がりは総選挙で社大党の一八から三七議席獲得へ大躍進をもたらします。しかし、七月の盧溝橋事件・日中戦争開始以降、社大党、争議団、労働組合は戦争支持へ追い込まれていきます。軍需工場の職場では成年男子の労働時間を一二～一四時間制とする通達が出され軍事増強が進みます。一二月の人民戦線事件で大量の無産政党・反ファシズムの指導者、活動家、政党人、研究者が検挙され力を失い、戦争を支持する流れが無産政党にも労働組合にも広がっていきました。社大党は日中戦争の追加予算支出を積極的に支持、全総（総同盟）も一〇月の大会で戦没者に黙とうをささげ争議中止と戦争支持を決議し、さらに「同盟罷業絶滅、産業平和確立運動」を提起していきます。

産業報国会と労働組合

一九三八年に入ると、前年一二月一五日の人民戦線事件に続いて、二月一日に労農派東大教授（大内兵衛、有沢広巳ら）が逮捕されます。同じころ右翼の防共護国団員が政友会、民政党の本部を占拠、社大党委員長も襲われました。

人民戦線事件で東交は三七人（錦糸堀四人、柳島八人）が検挙され、組合内部には「東交の存在は……日本思想とまったく相容れず、産業協力の遂行上にその妨害となる役割を持つ以外の何物でもない」と東交解消論が一部に台頭し、二月二五日の中央委員会で首謀者三人が除名されます。

国家総動員法の公布

国会にはすべてを国家が統制できるようにする国家総動員法案が二月一九日に上程されます。労働争議の禁止、新聞記事など出版の統制、徴用なども含まれていました。しかも発動は勅令（天皇の命令）によって行うことができる「緊急事態条項」を含んでいました。四月一日に国家総動員法が公布され、二八日には協調会が産業報国会運動を提唱。そこには「各事業場および中央での労資関係調整のための機関設置」が提起され「日華事変下の非常時局にさいし、事業者は『産業の国家的使命を体得し、産業報国の精神に基づいてその経営』に当たり、従業員は、『勤労の神聖なることを自覚』し、両社は一体となり、『事業一家』になって、『皇国』に報いなければならない」という使命が盛り込まれています。

産業報国連盟の設立

七月三〇日には産業報国中央連盟（産報）が創立。この産報の機能は、指導機関ではなく連絡機関とすること、事業場単位の報国会に圧力を加えることがないことが確認されました。厚生省も「産報をつくっても労働組合の解散は強要しない」と当初は労使の自主的な協力が期待されました。しかし徐々に政府の指導、干渉が強まっていきます。

この段階で、七月九日には全総（総同盟）中央委が産業報国会運動に協力方針を決定。同時に、労働組合の自主性を強調しました。職場で最初に産報が誕生したのは石川島造船所で七月三〇日でした。石川島自彊組合が会社と協同で産業報国団体自彊会に改組したものです。産報運動は、石川島造船所で自彊組合を創設した日本産業労働クラブから始まったといわれています。

東交の苦悩　労働組合と産報

東交は三七年一〇月の定期大会で、これまでの闘争第一主義的な傾向を捨て挙国一致・産業協力にまい進する新方針を決定。三八年八月二六日に東京市電産報の結成に至ります。しかし、東交は産報を認めつつも労働組合の強化を追求します。当局に対抗するために、東交はすでに相互扶助を三六年に開始し九九％の加入率を達成、さらに産業報国会に対抗して東交と相互扶助の一元化をはかり、東交厚生部としました。これが、今日につながる厚生部です。また、戦時体制下においても待遇改善(精励手当増額、賞与加給、年末年始手当など）を実現していきました。

三九年になるとますます軍部・警察の圧力が強まり産報への一本化が進みます。労組内においても意見が分岐していきます。「労働者の自主的組織を堅持しながら産報運動に協力する」松岡駒吉、西尾末広に対し「労働組合を解消して産報一本化にまい進すべきである」という河野密たちの意見が正面からぶつかり、この機においてまた分裂に追いやられます。

東交も産報一本化へまい進する方針を取らざるを得なくなります。警視庁に呼ばれ、当局からの再三にわたる組合解散をはね返し、組合存続を主張しました。そして「役員選挙制度確立、産報内従業員懇談会の設置、分会幹事の非乗務制、従業員選出理事の増員」など労働組合的要求・方針を貫きます。しかし、翌一九四〇年七月七日、ついに力尽き、七月八日の総同盟と共に解散を余儀なくされたのです。

なだれ打つ産業報国会

一九四〇年七月七日当時最強の東交が解散、前日の六日には社会大衆党が解党大会、八日には総同盟の中央委員会が「自発的な解散」を決議。七月二一日に全国大会にかわる全国代表者会議を開き満場一致で承認し二八年の幕を閉じました。以後、右派の愛国労働組合全国懇話会が八月一八日に、その後も皇国海員同盟、海員組合と労組解散が続きました。

ここに至る過程で、労働組合と産報をめぐって社大党の中に大きな分岐が生まれました。旧社民党系の総同盟と旧日労党系の全労が三六年一月に合同してできた全総（全日本労働総同盟）に再び分裂をもたらします。

すでに三八年一月社大党は第七回全国大会で「労資混然一体の労働組織の確立と労働条件の国家統制を通じて労働生産性の向上と労働者生活の安定をはかる」と産報へ労働組合を解消させる方針を打ち出していました。しかし旧総同盟系の松岡駒吉、西尾末広たちは自主的労働組合の存続をはかり、そのうえに産報に協力する二本建方針を取ろうとしました。権力に屈しつつもあくまでも労働組合の「自発性」を解散の最後まで貫いていったことを見失ってはならないと思います。

下町では、三九年六月に東京モスリン（大東紡績）吾嬬工場（墨田区）の関東紡織労働組合吾嬬支部が産業報国会運動を積極的に推進するという理由で全総からの脱退を決議しています。これに対して、全総本部は、脱退防止に努めるべき副組合長が脱退を策動したと副組合長を除名しました。全総本部の中央委員からは、全総は個人犠牲と公益優先の上に遂行する戦時体制とは一致しない、部分的な組織から経営と労働の一体的な産報に改組することなどが提案され、中央委員会開催を要求します。本部の松岡、西尾と旧全労系の河野密ら両派の代表が分裂を避けようと懇談をしますが決裂、旧全労系は産業報国倶楽部を提案し、総同盟から分離することになりました。

二本建を貫徹できず産報化へ

三七年一二月四〇〇人が検挙された人民戦線派事件で、東交からも錦糸堀（四人）、柳島（八人）、本部の島上善五郎（後に初代総評事務局長、衆院議員）など三七人が検挙されました。東交執行委員会は翌三八年一月に被検挙者の資格を停止し、共産主義的行動が明らかになれば除名することを決議します。政治方針も右傾化する社会大衆党との協力提携を打ち出します。弾圧を受けた錦糸堀、柳島、青山支部から皮肉なことに労働組合を否定し産報に傾く東交解消運動が台頭してきます。東交は必死に産報化に抵抗し、産報現場役員の選任方法は選挙とするなどいくつかの「諒解事項」を獲得しますが、矢は尽きたのです。

「産業の振興をもって国に報いる」との産業報国運動は、最初「事業主と労働者との自覚的協力機関」として出発し、厚生省も「産報をつくっても労働組合の解散は強制しない」と言明していました。しかし、当初の労働組合との二本建から産業報国会一本への圧力が強化され、軍国主義体制に組み込まれました。

軍国主義体制へ

四〇年一一月には「勤労新体制」により、中央本部―道府県産報―支部（警察署ごと）―事業場ごとの単位産報の型ができあがります。道府県知事（東京は警視総監）を会長に警察部長、厚生官僚、事業主などが配置され、地方支部長は警察署長、役員には事業主代表や特高係、工場係の刑事が就任し、工場・事業場の会長には社長（工場長）が就きました。

四〇年には六万四九五団体、四八一万五四七八人が、四一年には八万五五二二団体、五四六万五五五八人と組織率九〇％、五五〇万人に達する勤労者が産報に組織されました。日雇い労働者、労務供給業者、作業請負労務業者は大日本労務報国会（一九四三年六月設立、一二万余の業者、六二万五〇〇〇人）に組織されました。他方、労働組合は解散に次ぐ解散で四二年にはわずか三組合、一一一人と壊滅していきました。それでも下町労働者の抵抗は続きます。

Ⅷ 昭和時代

――戦時下の労働運動

1　嵐をついて・戦争下での印刷工

「戦時中印刷労働者の闘い」について二三二頁で取り上げました。杉浦正男がまとめた『若者は嵐に負けない―戦時下印刷出版労働者の抵抗』がオーストラリアのアジア、日本労働問題の研究者ケイ・ブロードベントさんによって翻訳され刊行されました。私も微力ですが彼女の取材活動に協力しました。二〇一九年六月上旬に刊行された本を一〇五歳になる著者の杉浦正男に届けるためにケイさんは訪日されました。

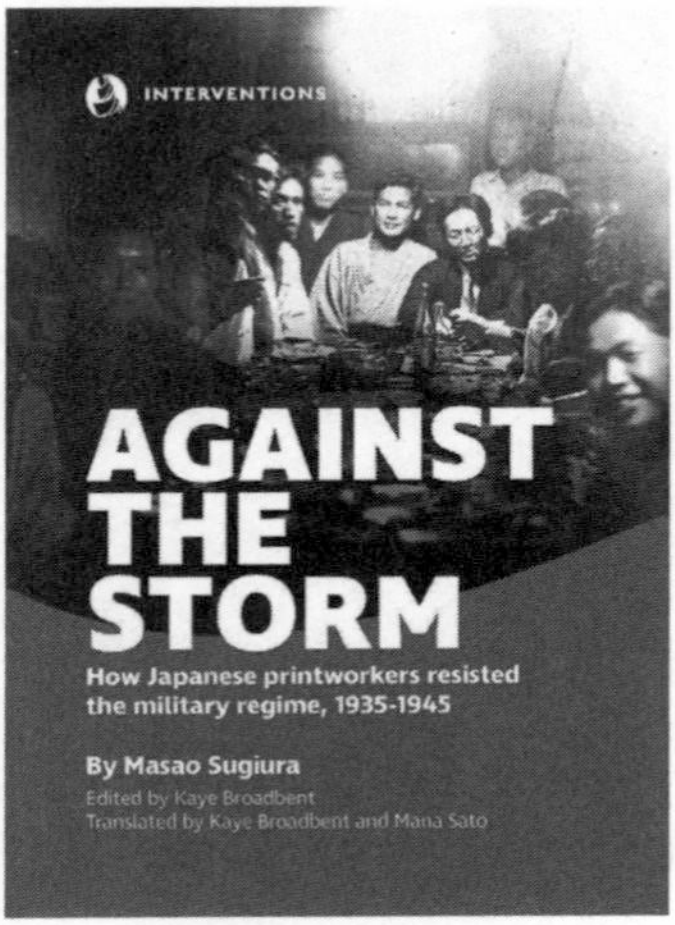

「嵐をついて」表紙

一九四〇年の出版工クラブは一五〇〇人ほどの会員数に増えていきましたが、特高からの「組織解散」の圧力が強まり、八月三一日クラブは「偽装解散式」を愛宕署特高臨席のもとにおこないます。しかし、その後も活動を続けました。一〇月には「日の出」「あけぼの」「若葉」の旅行会を設立、約五〇人で奥多摩小仏峠にハイキングをしています。吟行社（俳句の会）「あさぎり」「あをぎり」を継続させ新たに「なでしこむつみ会」を結成しています。むつみ会は料理講習会もやっています。

こうした大衆的な活動は四一年にも広がり、一月には若葉旅行会で那須高原から白河越え、七月には富士登山、四二年には赤城山、昇仙峡などの旅行を実施し、青年たちの横の連絡は保たれていました。俳句会も各職場をつなぎ、月一回発行の句集は喜ばれたそうです。

そのなかで婦人部の活動についてそのまま継続か、旅行会に含めるかで、意見が割れましたが、組織を残すことになります。婦人部は六〇人ほどが参加し、南多摩丘陵、向ヶ丘へのハイキング、料理講習会、演劇研究会などの活動を続け、組織を維持しました。

明文舎への幹部集中

四一年六月には印刷業における「新体制要綱」が示され分立していた工業組合をまとめ全印刷産業を戦争のために一本化する日本印刷文化協会が発足します。一本化の制約により旧クラブの組織人員は減っていきます。戦争の拡大は中心的活動家の徴兵をもたらし、さらに印刷会社から軍需工場への徴用も増えていきました。

中国侵略から米英も相手とする太平洋戦争が一二月八日の真珠湾攻撃により始まります。クラブの中心メンバー柴田隆一郎は「アメリカとの戦争になれば敗北する。運動には晴れ間もあれば曇り日もある」といつも言っていたそうです。

そして、中心メンバーを散らさないでまとめておくために、企業整理により経営を放棄した印刷会社明文舎と交渉し、その工場の経営を請け負います。ここでは毎日職場で連絡を取り合うことができました。工場の仕事は忙しかったが自分たちが仕事の支配権を持つ職場は〝夢のよう〟でした。しかし、開戦後に「言論、出版、集会、結社臨時取締法」が制定され、国民の政治的自由は根こそぎ奪われていったのです。

反戦ビラから芋づる検挙へ

四二年夏に、組織を伸ばしつつあったオフセット工の一人が横浜港で反戦ビラをまいたのがきっかけとなって柴田は検挙され横浜に。一一月には第二次検挙で明文舎の主なメンバーが検挙され、その中には杉浦正男も含まれていました。

柴田と杉浦とは仕事をめぐって対立し、杉浦は事実上会社を辞め柴田と冷たい関係になり、運動からも離れたかたちになります。しかし柴田は杉浦に対して暖かい配慮を忘れず、婦人部責任者との結婚をすすめ二人は結婚となりました。

検挙事件の取り調べが終わると柴田はじめクラブの主だった活動家は横浜拘置所に移され、ほとんどが日本の敗戦まで拘置されます（実際には一〇月六日）。栄養失調になる人が多く柴田は四五年二月一八日に三八歳で獄死。三月一〇日には杉浦の妻は東京大空襲で避難した毛利小学校（江東区）で亡くなりました。

2　戦時体制下の「活動家」

これまで下町労働運動史で取り上げてきた労働運動・社会運動の活動家たちは、労働組合はじめ政党、社会団体が権力による弾圧を受け運動と活動が制限され、つぶされていきます。戦時体制下でどのような活動、生活をしていたのか、みていきたいと思います。

非転向を貫いた丹野セツ

丹野セツは、南葛労働会を創設した渡辺政之輔の妻として、また共産党の活動家として亀戸の東京モスリン、日清紡などに労働者組織化の潜り込みをはかりました。しかしほとんどがつぶされます。その後非転向の地下活動を続け、渡辺政之輔の自殺の二日前、一九二八年一〇月四日に再逮捕されました。獄中で丹野セツは「非転向」を貫き、一〇年後三八年に満期となって出獄します。その間に、共産党の指導部であった佐野文（早稲田大学講師）と鍋山貞親（労働者出身）は三三年六月に「転向声明」を出し、共産党は壊滅していきました。

元々看護婦であった丹野セツは、出獄後いったんは結婚しますが離婚。病院看護婦、派出看護婦を経て、保健婦試験に合格し一九四三年から工場保健婦になります。工場の朝礼にある宮城遥拝を拒否し、特高に尾行され続けて敗戦を迎えました。

転向し、また活動し再逮捕・帯刀貞代

共産党でない革新、無産党系の全国婦人同盟書記長だった帯刀貞代は労働女塾をつくって三〇年の東洋モスリン争議を支援しました。争議の改良主義的な指導に疑問を持った帯刀は三一年に共産青年同盟に加入し、中央本部機関誌や資料調査に従事、地下活動に入ります。日本橋で街頭宣伝中に検挙され獄中へ、三四年に転向の上申書を書き、二年の刑・執行猶予四年で出獄。その後、編集作業に従事しましたが、四四年六月に再び代々木署に再検挙されて二〇〇日拘留、心臓肥大症の悪化で出所となりました。

一二歳で東京モスリンに就職し争議を闘った山内みなは東京を離れ、大阪で女工たちの争議支援を続けました。しかし東洋紡のスト支援後に警察の追及を逃れて東京へ。結婚して一家で再び大阪へ転居、洋裁を習い三六年には市岡で洋裁店を開き、四一年心斎橋に店を持ちます。しかし、四五年三月一三日の大坂大空襲で消失、家族は山内の実家宮城県に疎開します。

島上善五郎は保険外交員、徴用工に

下町になじみが深い東交の島上善五郎は、一九三七年一二月に「人民戦線事件」で東交三七人が逮捕、約一年半投獄後未決で保釈となって軍部独裁の世の中に出獄。小学生以下の子ども八人を抱え苦悩していたときに、「あなたは顔が広いから生命保険の外交員になったらどうか」とすすめられ日本生命の臨時外交員に。紹介で作家の武田麟太郎を訪ね、当時としては破格な一万円の生命保険を獲得しています。武田麟太郎は帝大セツルメント（墨田区）で労働教育部を担当しプロレタリア文学でも有名でした。

保険外交員が行き詰り、南旺映画社の振興係に。そこも戦時下東宝へ吸収され、自宅近く葛飾区青戸の機銃弾倉軍需工場に仕上げ工として二年間徴用されました。徴用工の半数は学徒動員、半数は商店経営者。三九歳ではじめてヤスリをにぎりました。監視する工場派遣の青年将校の鋭い眼を背景にがんばり優良徴用工になります。天皇の玉音放送に「われわれの起ち上がるとき」と感じ、島上さんは「労組再建の志を胸に、廃墟と化していた自由の新天地へと飛び立った」のです。

3　書き残した争議

これまで下町で闘われてきた争議についてほぼ時代順に書いてきました。その他の落としてはならない争議について書きます。

富士瓦斯紡績押上工場争議

一九二〇年七月に闘われた富士瓦斯紡績争議の目標は「労働組合権利の承認」でした。組合が組織されたのは一九一四年一一月で友愛会紡織労組本所支部です。会員は一八〇〇人、そのうち女性は一四〇〇人でした。会社は処女会をつくって切り崩し、五人の組合リーダーを解雇。さらに大部分の女工を寄宿舎に閉じ込め、争議団本部との連絡を絶ちます。一八日には友愛会などが会社前で示威行動をしますが、多数の警察官に遮られ、なぐられ、検挙者も出ました。

社長は労資協調をすすめる協調会の理事であるにもかかわらず〝労働組合権〟の承認を否定する始末。友愛会の機関誌「労働」は『……協調会がいわゆる労資協調の仮面を脱して、資本主義擁護を暴露した……』と批判を展開しています。

二二日会社は一週間に及ぶ組合の団結力に屈し「団結の自由」を認める回答をします。同時に会社は争議団の中心を担った三人の女性リーダーを解雇、国へ帰し、二五周年の慰労金を出し組合の切り崩しをすすめます。その結果組合を守ろうと最後まで残った組合員は三七人。外部から示威行進や演説会、カンパなど支援が広がりますが、友愛会の紡織労組は惨敗に追い込まれていきました。

機械打ちこわし（ラッダイト）

南葛飾郡吾嬬町（現墨田区）の東京モスリン近くの足立機械製作所では一九二一年一月に争議が起こります。職工への扱いが悪く「鬼工場」、今ならブラック企業です。そこへ就職した東京鉄工組合のリーダー泉忠は組織化をはかり九〇余人の職工ほぼ全員を組合員化します。

会社は金一封で買収をはかりますが組合に拒否され一月六日全員を解雇。対する組合は一一日には東京鉄工の組合支部を結成、職場復帰か解雇手当出すかの要求をしましたが、会社は拒否。

一二日夜、四〇人ほどの職工がたいまつを持って工場に乱入し、工場主ほか二人をなぐります。他方「争議団を解散した」とのデマ情報を流し警察を安心させ、暗闇の工場に戻って機械に石油をかけ燃やし一〇数台の旋盤をハンマーで打ち壊しました。機械の打ち壊し＝ラッダイトは一八世紀初頭の産業革命期にイギリスの労働者が失業の脅威に対して行ったものです。労働組合の団結権、団体交渉権、スト権が認められなかった時代の怒れる労働者の抵抗でした。

さらに争議は激発し直接行動、サンディカリスムの動きが強まっていきます。

亀戸事件の犠牲者加藤高寿

この闘いのなかに二三年亀戸事件で虐殺される共産青年同盟の加藤高寿がいました。栃木の矢板町で生まれた加藤は一四歳で上京し、浅草の化粧品店に就職。その後新聞配達、自由労働者になり、「社会のドンゾコの生活」をし、立教中学に入学するも教師に反抗し放逐されます。

その後、セルロイド工場で働いていた一九年に、渡辺政之輔が創立した全国セルロイド工組合に加入し、葛飾に四〇〇人の四つ木支部を結成します。好きな酒やたばこをやめ給料をはたいて東京帝大新人会の機関誌「デモクラシー」を買って労働者に配布、だが解雇され新聞配達へ。労働問題演説会や押上の富士瓦斯紡績の争議支援にも参加しました。

足立製作所の工場打ち壊しにも参加。事件では四〇人が検挙され、泉に懲役二年、加藤は一年二か月の刑に。出所後二二年一〇月に渡辺政之輔や川合義虎たちとともに南葛労働協会結成に参加しました。

日本特有なカツベン

映画「カツベン」が二〇一九年に公開されました。映画が活動写真といわれた無声映画時代だったときに活躍した活動弁士が日本特有の映画説明スタイルを生み出し活躍する様子を描いた周防正行監督の作品です。

映画は一九世紀の末に発明され、一九〇三年には浅草に日本最初の常設映画館が開業。一九一三年日活撮影所が向島白髭橋のそばに作られました。撮影所は七九〇〇平方メートル敷地、現像所、俳優部屋、事務所、社宅もありました。しかし関東大震災で壊滅的打撃を受け、撮影拠点は京都に移されました。

当時の映画は音声がない無声映画でした。無声映画に状況説明や会話を加えるのが活弁士で、音楽を分担する楽士とともに無声映画にはなくてはならない役でした。とくに日本では字幕を使わず弁士が自分流の台本を書いたそうです。

しかしトーキーの普及により弁士は段々と失職していきます。解雇に反対した弁士はストライキに入っていきます。一九三二年には常設映画館従業員の争議は一一一件に及んでいます。五月一日メーデーに合わせ日活直営二四館ゼネストに入りました。神田神保町界隈は大騒ぎとなり、同時に総理大臣犬養毅が殺害された五・一五事件が勃発し騒ぎの拡大をおそれた警視庁が強制調停に入り、組合側の要求が全面的に実現したそうです。

深川扇橋にあった映画館の争議は解雇予告手当と半年分の解雇手当を要求。館主は同意しましたが、顧問弁護士が同意せず、ストは二か月以上長引き、組合は当時流行していた糞投げで弁護士宅を攻め、要求が認められたそうです。

徳川無声、大辻司郎など一部の弁士は俳優や司会者、漫談などに転身していきました。

楽士の闘いと水の江瀧子との共闘

楽士たちも大量解雇、全員減給に対して即座に争議に入ろうとしましたが、自分たちだけでは弱いので水の江瀧子たちと合流をはかります。音楽部と楽劇部は二八項目におよぶ「待遇改善書」を専務に提出。そのなかには、退職手当最低六か月、勤続一年につき一か月増、本人の意思による転勤、最低賃金制の制定、定期昇給の実施、公傷治療費の会社負担と欠勤の給料全額支給、運動手当支給、衛生設備・休憩室の改造、楽屋・トイレの増設、公休日の設定、軍事招集中の給料全額支給、さらに中間搾取の廃止（監督の馘首）、医務室の設置、生理休暇制定など深刻かつ切実なものでした。水の江は解雇されますが客の支援を得て撤回させました。しかしカツベン士や楽士たちの争議は時代に勝てず終わりました。

新聞販売店、牛乳販売店での争議

一九二八年は史上初めての普通選挙が実施された年です。労農党の山花秀雄は四区（本所・深川）の唐沢清八を応援します。選挙の当日は「寺尾牛乳販売店」（本所区）の争議指導で捕まっていて市ヶ谷刑務所に拘留されていました。当時の演説会は必ず大盛況で、広い講堂には一五〇〇人は集まり演説していても張り合いがあったそうです。

警視総監から内務大臣の報告によると新聞配達の争議も数多く発生しています。当時から朝日、読売、東京日日（毎日）が発行されていました。三一年三月には曳舟にあった読売新聞販売店の九人の配達員全員が待遇改善と処分問題で争議に入っています。上部組織は関東新聞従業員会です。各家庭に窮状を訴えに回りました。店主もチラシをまきます。結果、解決金一〇八円と謝罪で解決しました。

相撲道改革の大争議

下町のスポーツといえば国技館の大相撲。「番外」ですが取上げたいと思います。

大相撲のスト（嘉永の紛擾）は一八五一（嘉永四）年に起こっています。「前相撲と序の口の間の『本中《ほんちゅう》』と呼ばれる力士百余人が、取組編成の不公平さに抗議して場所入りせず、本所の回向院に立てこもった」のです。当時の親方衆が取組の不公平を取り合わなかったために回向院念仏堂へたてこもったのでした。（同じ墨田で一二〇年後に大久保製壜の労働者が教会に立てこもってストに入りました）

一八七三（明治六）年には、高砂浦五郎をリーダーとする四〇人ほどの力士が「筆頭年寄りが私腹を肥やしている」と力士の窮状を訴え血判誓約書を提出。その結果「階級別給金」「収益金の力士への配分」を勝ちとりました。

一八九六年にはトップの独裁に反対した中村楼事件、一九一一年新橋倶楽部事件では関脇以下の力士が回向院に集まり「幕内力士一〇日皆勤出場」、総収入の「一割分配」「養老基金（退職金）」を要求し「帰参（職場復帰）」で解決しています。

一九一七（大正六）年には不幸にも国技館が全焼、三年後に再建されますが相撲人気は落ちていきました。

一九二三年一月の三河島事件では十両以上の力士、行司が養老金の増額を要求し、横綱は土俵入りのみでストへ入り上野の旅館（後に三河島の日本電解工業工場）に立てこもり泥沼状態に入りました。

初日を迎え土俵に上がったのは幕下以下の力士のみ、横綱は土俵入りのみ。協会は警視総監に調停を依頼し解決に向かいました。行司の勝負決定権、観覧料の引き下げ、興行日数の増加（退職金増額）、決算の明確化と協会員への公表でようやく解決しました。

これにより、養老金の増額、八場所が必要だった養老金受給の権利が一場所で得られるようになりました。同じ二三年九月一日に関東大震災、またまた国技館が全焼。二五年には東西の相撲協会が合併し財団法人日本相撲協会が設立されます。


一九二八年の春場所からラジオの実況放送が始まり、仕切り制限時間や土俵の大きさなど大きく「改革」されました。

一九三二（昭和七）年の春秋園事件では出羽の海部屋の関脇天龍がマゲを切って、協会がいかに腐敗しているか、ずさんな経営で一部親方は私腹を肥やしているか、給料の安さ、茶屋制度を問題として大関を含め三二人の力士が以下の一〇ヵ条の要求を提出しました。
一、協会会計制度の確立

二、興行時間の改正
三、入場料値下げによる相撲の大衆化
四、相撲茶屋の撤廃
五、年寄制度の漸次撤廃
六、養老金制度の確立
七、地方巡業制度の抜本的改善
八、力士生活の安定化
九、冗員の整理努力
十、力士協会設立と共済制度の確立

回答に不満な天龍たちは「相撲道改革」を訴え新興力士団を設立。第二組合のような革新力士団も相撲協会の改革を訴え合同の大阪場所興行を成功させます。しかし結局巧みな「協会への帰参」策に敗れやがて戦争の時代に入っていきました。

4 戦時下のたたかいと抵抗

争議行為は減らなかった

一九四一年一二月八日日中戦争に続いて太平洋戦争が真珠湾爆撃によりはじまりました。すでに、二六六頁で紹介しましたが、「出版工クラブの運動はなくなっていなかった」のです。クラブは海の家の開設、俳句の会活動と組織づくりをすすめ、特高の目をそらしていました。それでも四〇年八月には特高立会いの下にクラブは偽装解散式を開かざるを得なかったのです。解散後も旅行会、料理講習会、ハイキングなど柔軟に活動し、印刷会社の経営管理も四一年にはすすめています。権力の弾圧は強まって、四二年には中心メンバーが次々と検挙されて横浜拘置所に入れられました。

政府統計によっても四一年から四四年にかけて一三〇三件の争議に五万三四四三人が参加しています。しかも争議行為をともなう争議への参加率が高まっていることは見逃せません。

主な争議として、一九四二年の海軍管理工場の磯貝鉄工所の闘争、日立製作所亀有工場（足立区）のサボタージュ戦術と三割生産減、日立亀戸工場労働者の「待遇改善」の要求闘争、川崎重工業争議があげられています。日立亀戸工場（江東区）は現在大きな集会にも使える亀戸公園になっています。

日立亀戸工場の争議

日立亀戸工場の争議は、第二電機課塗装係一二人と巻線係一人が待遇改善を要求しましたが、会社の誠意ない態度に憤慨し、対抗手段として共産主義者指導の下に製品の手抜き・不良品づくりをすすめたものです。

会社の誠意ない態度に同じ職場の工員が賛同し、一九四二年一〇月二六日の産報総懇談会で電圧課伍長賃上げを提案、一一月一三日昼食時に塗装係全員が集まって以下の五項目要求を決めます。

①請負単価の引き上げ（五割以上）
②賞与不平等の廃止
③昇給の不平等廃止
④永年勤続者の優遇
⑤会社は吾々の生活を保証すべきこと

組長の出席を求めて会社側に要求を提出し、認めない場合には作業の手抜きをする強硬な態度を表明します。しかし会社は「永年勤続者のみ優遇」を考慮する姿勢で要求を無視します。労働者は手抜きの実行へ、さらに他の協力者も出てきます。手抜きは一一月一三日ごろから実行に入りました。

亀戸警察の介入が始まります。一一月二六日までに事態を察知した警察は首謀者たち六人の半数を検束、他は不検束で厳重取り調べを行い、戦時下の生産阻害の不心得を厳重にさとします。労働者は改心して、要求事項を撤回して一二月二一日に〝解決〟となりました。「左翼分子の介在があった」として塗装工と巻線工の二人を検挙、共産主義者の指導としました。

自然発生的抵抗の拡大

一九四二年には、ハッキリと共産主義者や社会主義者が指導したといえる争議はほとんどなくなっていったといえるでしょう。しかし、以下のような「自然発生的抵抗」の現われは戦時下の労働者の厳しい職場環境・労働条件の存在をあげることができるでしょう。

①遅刻早退者の増加、②欠勤者の激増、③逃走者の続出（徴用工員が多い）、④怠業的傾向、⑤不良化、⑥労務の拙劣さに基づく集団暴行事件の頻発があげられています。

戦争が拡大し、下町の工場も軍需工場に転換されていきます。四二年四月に本土ではじめての空襲が荒川区を襲います。戦局が不利になり生活が悪化し、さらに家を焼かれてどうして会社に出勤できるでしょうか。欠勤者は増加し一四％におよび、敗戦前一年間に造船業の欠勤率は二四％から五二％、飛行機工業では二一％から五一％へと急激に増加しています。これは、重労働と栄養失調による脚気、疲労などの栄養不足が原因でした。

5　東京大空襲の下で働き続けた

職場を死守した電話交換手と慰霊碑

江東区森下に住み、交換手として電話局に勤めていたTさんは高等小学校卒業後電話局に入局。電話はどうしてつながるのか原理を習い、そのときの日給が七〇銭、少したって一円に昇給。賞与は年四回、養成所を終わって一〇月に五円もらいました。

勤務体制は、日勤―日勤―遅番―泊明け―休み（または勤務）で、泊りは座敷の仮眠室だが南京虫が出て寝られなかった。夜食はおにぎり二個、休憩時間は百人一首を覚えたり、文芸雑誌を読んだり、文学全集を読んだりしたそうです。電話交換の仕事は一日二四時間休みなしです。夜中の東京大空襲の時間帯にも仕事は続いていました。

墨田区本所の旧墨田電話局に一九四五（昭和二〇）年三月一〇日の東京大空襲で亡くなった電話交換手の慰霊碑があります。当日の大空襲で当夜の勤務者四〇人のうち、死者は三二人、内女性は二九人に達しました。ほぼ全滅です。女性たちは電話交換手として爆撃のなか必死に交換台にしがみつき、ブレスト（首から胸にぶら下げる形のマイク）を放しませんでした。かろうじて生き延びたSさんは男性の技手補で当時の様子を「空襲が始まっても逃げ出せません。職場を死守しろとの命令だったからです。」大空襲の夜は交換手の手を引いて火の海に飛び出し、朝方局に戻り九死に一生を得ます。逃げ出した交換手たちは石炭置き場の所で湯呑ぐらいのマルコゲの炭団《たどん》となっていたと振り返っています。

三月一〇日の午前零時八分、第一弾が木場二丁目に落とされ、約二時間半にわたった東京大空襲は下町一帯に大きな被害をもたらしました。アメリカ軍爆撃機B29三三〇機による焼夷弾爆撃により墨田（本所、向島）、江東（深川、城東）はほぼ全滅し、百万人が家を失い、十万人が亡くなったのです。

勤労動員された女性たち

一九三八年、国家総動員法が公布され戦争一色の生活になっていきます。下町の工場は軍需工場へと変質していきます。江東区の石川島造船、日立製作所、大島製鋼などこれまでも争議を経験した工場も、一九四四年の物資動員計画により軍需工場に指定されていきました。東洋モスリン、富士瓦斯紡績などは「不要不急」とされ、軍需物資の生産へ変えられていきました。

一九四一年には国民勤労報国協力令が出され、一四歳〜二五歳の未婚女性が勤労奉仕を義務付けられます。後に女子挺身隊となり、女性たちは軍需工場へ強制徴用されていきました。

廃止されていた女性の深夜労働も復活し、男の代わりの労働力として男と同じ仕事をさせられました。藤倉電線に行ったAさんは夜一一時まで働かされ、貯金局で働いていたBさんは男ばかりの大島製鋼で忙しく働き、Cさんは地下鉄の仕事をさせられ男が戦争に行った地下鉄の職場で男がしてきた改札、出札も何でもやりました。

石川島造船の徴用工と洲崎

一九三七（昭和一二）年七月に洲崎三業組合（三業＝料亭・待合茶屋・芸者置屋）の女性たちが国防婦人会を結成。一九四三年には、軍の司令で楼主全員が洲崎警察に集められ、船舶増産の必要が必至で、石川島造船に多数の徴用工が配置されるために工員用宿舎提供の要請がされました。

楼主たちはただちに要請を受けいれます。そして、一〇月末までに妓楼を工員宿舎として石川島造船に引き渡します。洲崎の楼主や娼妓たちは立川、茂原、竜ケ崎などに移っていきました。四二年には小笠原の父島にも慰安婦を出しています。洲崎の業者は洲崎で営業ができないとみるや軍と結びついたのです。

豊洲の石川島造船所には数千人を超える朝鮮人徴用工が働いていました。さらに東京大空襲の夜、空襲の七時間ほど前に一五歳前後の青少年二百数十人が石川島造船の洲崎宿舎に到着。簡単な夕食を取った後「死の夜」となるとも知らずに異国での眠りにつきます。生き残ったのはわずか四人。洲崎の徴用工宿舎はすべて灰燼に帰したのです。

下町労働史（戦前編）を終えるにあたって

——過去を知り、未来への歴史を拓く

本書は下町ユニオンのニュース「下町ユニオン」の連載「下町労働運動史」を一部再編集してまとめたものです。連載は、二〇一一年東日本大震災直前、「下町ユニオン」三月号「江戸時代に下町でストライキ⁉　労働運動の歴史を訪ねる」から始まりました。第一〇〇回最終回は新型コロナウイルスが世界的に蔓延し「外出自粛」「緊急事態宣言」が出されるなかで書きました。奇しくも「歴史」のめぐりあわせを感じさせます。

歴史を知ること・学ぶこと

なぜ私は下町労働者の労働や労働運動に興味を持ち、調べて書こうとしたのでしょうか？「われわれはどこから来て、どこに着いて、どこに行くのか」（ゴーギャン）を探求したかったからです。このことは下町の労働運動の「歴史を知る」ことであり、「歴史を学ぶ」ことであり、「歴史をつくる」ことです。

「歴史を知る」ということはすでに過去となった様々な歴史的できごとを掘り起こし、史料を集め、

調べ、その時代の課題をみつけることです。「歴史を知れば未来が見えてくる」のです。

テレビでおなじみの池上彰さんは、佐藤優さんとの対談「大世界史」（文春新書）で「ドイツは、第二次世界大戦中、ナチスによるユダヤ人大虐殺を経験しました。ナチスによる民族抹殺計画はユダヤ人のみならず、さまざまな少数民族も対象にしました。その反省から、戦後のドイツは、さまざまな民族を受け入れるようになっています。過去の反省から、いまがある。歴史に学ぶとは、こういうことを言うのでしょう」と「歴史に学ぶ」について語っています。戦後日本国憲法も「平和・人権・民主主義」を理念とし、日本人のみならずアジア民衆を殺害し、東京大空襲や広島、長崎の原爆被害をもたらした歴史に学び過去への反省からつくられたことは言をまちません。

日本史上初の労働者権利獲得

戦前のストライキ闘争の特徴は、会社との団体交渉が十分煮詰まらないうちに〝スト突入〟していることです。『女工哀史』に描かれた厳しい労働環境下、団交権、スト権もなく、やむを得ず職場放棄・直接行動に入ったのです。（サンディカリスムの影響もあったと思います）

富士瓦斯紡績（墨田区押上）の女工たちは団結権を約一〇〇年前の一九一七年に勝ちとり、東洋モスリン（江東区亀戸）の女工たちは二七年に「外出の自由」を勝ちとり、東京製綱（江東区深川）は二四年にはじめての「労働協約」を実現しています。下町の労働運動が日本ではじめて労働者の権利を勝ちとった事例は少なくないのです。階段を上るように一つ一つ「一歩後退・二歩前進」しながら労働者の権利を積み上げていきました。

「八時間労働制」は未達成

五月はメーデーの月です。メーデーは冬が終わり温かくなる五月（May）を喜ぶ祭りとして北欧で始まったそうです。現在のメーデーの起源は一八八六年五月一日ご存知のように「八時間労働制」を掲げてゼネストに入ったアメリカシカゴ労働者の闘いです。

日本の第一回メーデーは一九二〇年五月二日に上野公園内で開かれ、約五〇〇〇人の労働者が集まりました。メーデー参加を呼びかける「労働日（メーデー）大演説会」とあるビラには、主催の友愛会、全国坑夫組合、日本機械技工組合はじめ一五組合名と三大決議（①悪法治安警察法第一七条の撤廃、②恐慌失業の防止、③人間としての生活を保障する最低賃金法の設定）が載っています。このほかにも「八時間労働制の実施」「シベリア派遣軍の撤退」「公費教育の実現」が緊急動議として採択されました。

ビラからは主催組合が一五組合もあり、当時の労働運動がまだ統一されていなかったことがわかります。決議では「治安警察法第一七条撤廃」がトップにあげられています。一九二〇年前後は第一次世界大戦後の不況で解雇、賃下げなどに対する労働者の闘いが盛り上がり、八幡製鉄の溶鉱炉の火を止めるなどストライキも頻繁に闘われ、労働者の権利確立がトップ要求になったのです。

第一回メーデー（1920年5月2日）

今年は第一回メーデーから一〇四年。治安警察法一七条（一九二六年に暴力行為処罰法へ変更）は戦後まもなく廃止され、新憲法で労働基本権の保障、労働組合法の制定と大きく労働運動は前進しました。ところが最近、憲法の労働基本権を踏みにじる攻撃が全日本連帯労組関西生コン支部に掛けられています。一〇〇年前に時計の針を戻すものです。「八時間労働制」も日本はＩＬＯ第一号条約（八時間労働制）を批准していません。完全には実現していないのです。

歴史とは過去と現在との対話

こうした歴史的経過を知ることによって第一回メーデーが決議した課題がどこまで達成され、現在の課題は何かを知り、どこに向かっていくのかを考え、実現のために何をしなければならないかを過去との対話の中から探し出していくことではないでしょうか。

このことが未来への歴史を切り拓いていくのです。そのために、常に過去をふり返り「過去と現在との間のたえまない対話」（Ｅ・Ｈ・カー「歴史とは何か」岩波新書）を続けていくことです。最後に戦前において、戦時下の抵抗を含めおそらくもっとも権力と闘い抵抗した下町労働者に流れる不撓不屈の血をＤＮＡとして若い労働者が受け継ぐこと、その時代の最先端で闘った歴史の継承を語りつぐことを期待し終わります。

最後に長い連載にご協力いただいた下町ユニオンの皆さんに、心からありがとうと言わせていただきます。

体調の悪い私を気遣い編集にあたっていただいた旬報社の今井智子さん、支えてくれた妻、美智子に感謝します。ありがとうございました。

参考文献

『明日を拓く―木下川地区のあゆみ』東京部落解放研究会、一九九四年
『荒川放水路物語』絹田幸恵、新草出版、一九九二年
『賀川豊彦』隅谷三喜男、岩波書店、一九九五年
『下層社会探訪集』横山源之助、立花雄一編、現代教養文庫、一九九〇年
『亀戸事件―隠された権力犯罪』加藤文三、大月書店、一九九一年
『関東大震災と王希天事件―もうひとつの虐殺秘史』田原洋、三一書房、一九八二年
『神野信一講演集』神野信一、社会運動往来社、一九三二年
『江東に生きた女性たち―水彩のまちの近代』江東区女性史編集委員会、ドメス出版、一九九九年
『最暗黒の東京』松原岩五郎、岩波文庫、一九八八年
『佐多稲子集―日本文学全集四七』集英社、一九六七年
『左翼労働組合の組織と政策』渡辺政之輔、而立書房、一九七二年
『失業と救済の近代史』加瀬和俊、吉川弘文堂、二〇一一年
『社会労働大事典』法政大学大原社会問題研究所編、旬報社、二〇一一年
『女工と労働争議―一九三〇年洋モス争議』鈴木裕子、れんが書房新社、一九八九年
『昭和大相撲騒動記』大山眞人、平凡社新書、二〇〇六年
『昭和史の証言―島上善五郎のたどった軌跡』島上善五郎、図書新聞、二〇一三年
『昭和の恐慌―昭和の歴史2』中村正則、小学館、一九八二年
『震災復興期の東京府下朝鮮人労働者に関する人口・職業分析』松本俊郎、岡山大学経済学雑誌、一九八五年

『戦時中印刷労働者の闘いの記録―出版工クラブ』杉浦正男編著　一九六四年
『戦前の労働争議一二―プロレタリア小学校を開設して闘った大島製鋼所争議』高島喜久男・山花秀雄・渡辺悦次、月刊総評、一九七九年三月
『大正期の職業婦人』村上信彦、ドメス出版、一九八三年
『大正社会運動史―資料下』田中惣五郎編、三一書房、一九七〇年
『大東京繁盛記』講談社文芸文庫、二〇一三年
『太平洋戦争下の労働運動・日本労働年鑑／特集版』法政大学大原社会問題研究所、一九六五年
『タアキイ―水の江瀧子伝』中山千夏、新潮社、一九九三年
『玉の井―色街の社会と暮らし』日比恆明、自由国民社、二〇一〇年
『玉の井という街があった』前田豊、ちくま文庫、二〇一五年
『だれが風を見たでしょう―ボランティアの原点・東大セツルメント物語』宮田親平、文藝春秋、一九九五年
『丹野せつ―革命運動に生きる』山代巴、牧瀬菊枝編、勁草書房、一九七〇年
『帝都東京の在日朝鮮人と被差別部落民』外村大部落解放研究、一七一号、二〇〇六年八月
『東京瓦斯労働組合史―大正八年より昭和三〇年まで』東京ガス労働組合、一九五七年
『東京交通労働組合史』東交史編纂委員会、一九五八年
『東京今昔探偵―古写真は語る』読売新聞社会部、中公新書クラレ、二〇〇一年
『東京大空襲』早乙女勝元、岩波新書、一九七一年
『東京帝大新人会の記録』石堂清倫、竪山利忠編、経済往来社、一九七六年
『東京百歳―朝日新聞一〇〇年の記事にみる』朝日新聞社編、一九七九年
『東電組合運動史』佐良土英彦、一九三四年

『ドキュメント昭和史1―恐慌から軍国化へ』林　茂編、平凡社、一九七五年
『南葛から南部へ―解放戦士別伝』伊藤憲一、医療図書出版社、一九七四年
『日本残酷物語・近代の暗黒』下中邦彦、平凡社、一九六〇年
『日本社会運動人名辞典』塩田庄兵衛、青木書店、一九七九年
『日本の下層社会』横山源之助、岩波文庫、一九四九年
『日本の労働運動』片山潜、岩波文庫、一九五二年
『日本労働運動の先駆者たち』労働史研究同人会、慶應通信、一九八五年
『日本労働組合評議会の研究―一九二〇年代労働運動の光芒』伊藤晃、社会評論社、二〇〇一年
『日本労働組合物語・昭和』大河内一男、松尾洋、筑摩書房、一九六五年
『日本労働組合物語・大正』大河内一男、松尾洋、筑摩書房、一九六五年
『日本労働組合物語・明治』大河内一男、松尾洋、筑摩書房、一九六五年
『値段の明治・大正・昭和風俗史　上・下』朝日文庫、一九八七年
『バス車掌の時代』正木鞆彦、現代書館、一九九二年
『評伝平沢計七』藤田富士男、大和田茂著、恒文社、一九九六年
『ぼくたちの野田争議』石井一彦、崑書房、二〇一二年
『炎の女・大正女性生活史』永畑道子、新評論、一九八一年
『明治日本労働通信―労働組合の誕生』高野房太郎、大島清・二村一夫編、岩波文庫、一九九七年
『もぐらのうた―1932年東京地下鉄争議記録集』東京地下鉄争議55周年記念実行委員会、学習の友社、一九八七年
『山内みな自伝』山内みな、新宿書房、一九七五年

『山花てるみ一〇〇歳─輝いた日々を刻んで』山花郁子
『山花秀雄回顧録─激流に抗して六〇年』山花秀雄、日本社会党機関紙局、一九七九年
『労働運動概況─大正十二年』社会局第一部、明治文献版、一九七一年
『労働運動二十年（復刻版）』鈴木文治、総同盟五十年史刊行委員会、一九六六年
『渡辺政之輔とその時代』加藤文三、学習の友社、二〇一〇年

著者紹介
小畑精武（おばた・よしたけ）
1945年生まれ。東京教育大学卒。69年江戸川地区労オルグ、84年江戸川ユニオン結成、同書記長。90年コミュニティユニオン全国ネットワーク初代事務局長。92年自治労本部オルグ公共サービス民間労組協議会事務局長。著書に「コミュニティユニオン宣言」（共著、第一書林）、「社会運動ユニオニズム」（共著、緑風出版）、「公契約条例入門」（旬報社）、「アメリカの労働社会を読む事典」（共著、明石書店）。

写真
共同通信イメージズ（145頁・181頁）、東京市電大罷業記念寫眞帖（216頁、218頁）、国立国会図書館デジタルコレクション、墨田区立図書館、Wikipedia

語りつぐ東京下町労働運動史

2024年6月16日　初版第1刷発行

著　者　小畑精武
装　丁　佐藤篤司
組　版　キヅキブックス
編　集　今井智子
発行者　木内洋育
発行所　株式会社旬報社
〒162-0041
東京都新宿区早稲田鶴巻町544　中川ビル4F
TEL 03-5579-8973　FAX 03-5579-8975
HP https://www.junposha.com/
印刷製本　シナノ印刷株式会社

ISBN978-4-8451-1912-7